그럼에도, 사랑

그럼에도,
사랑

고영호·신혜령
에세이

우리가 무뎌진 것에 대하여

Booksgo

사랑은 모든 것을 이긴다.
Amor vincit omnia.

- 베르길리우스 Virgilius

Prologue

그럼에도 불구하고,
사랑

지금, 사랑이 위태롭다. 사랑의 시작과 지속, 이로 인해 파생될 부담에 대한 두려움이 그 어느 때보다도 무겁게 느껴지는 시대라고 다들 입을 모아 얘기한다. 연애도 결혼도 출산마저도 포기한다는 'N포 세대'는 그 말을 발음할 때 혀끝에 쓴맛마저 감돈다.

    사랑으로 시작하는 새로운 관계가 왜 버거워진 것일까? 언제부터 사랑이 굳이 할 필요 없는, 가능한 한 겪지 않는 것이 여러모로 이로운 선택으로 전락해 버린 것일까? 나 하나 온전히 지탱하기도 어렵고 힘든 매일매일의 건조한 일상에 목이 바싹 타들어 가니 '너를 사랑하는 나의 마음' 같은 건 꿀꺽 삼켜 버리는 편이 현실적인 것일까?

내가 하는 일은 많은 이들이 사랑으로 빛나는 순간을 사진에 담는 일인데, 이런 식이라면 어쩐지 시대를 거스르는 이단아가 된 듯한 기분이다. 아니면 내가 정말 행운아라서 매번 그토록 희귀한 순간들을 마주할 수 있는 건지도 모르겠다.

하지만 그렇다고 하기엔 해마다 수도 없이 다채로운 사랑을 만나 사진을 찍고, 그들이 전해 주는 이야기에 마음이 몽글몽글해진다. 어쩌면 다들 포기할 수 없는 건 아닐까? 애초에 포기하고 말고 하는 식의 일이 아닐지도 모른다, 사랑이란.

사진을 업으로 하기 전 회사 인사팀에서 채용 면접을 담당하면서 생긴 버릇은, 사진을 찍으러 오는 사람들에게 던지는 많은 양의 질문으로 이어지고 있다. 특히 어떻게 만나게 되었는지는 단골 질문이다. 일단 이 질문으로 대화의 물꼬가 터지면 기다렸다는 듯 흘러나오는 두 사람의 역사는 한 번도 지루한 적이 없었다.

 돌이켜보면 참으로 다양하다. 영화에나 나올 법한 드라마틱한 우연도 있었고 강렬한 불같은 시작도 있었지만, 많은 이들이 일상 속에서 불현듯 인연을 알아채기도 한다는 사실은 새삼 놀라웠다. 짜릿한 에피소드를 계기로 사랑에 풍덩 빠지는 것의 확률이 더 희박할 것 같다가도 어제와 비슷한 오늘을 보내고 있을 뿐인데, 두 사람이 갑자기 서로의 이야기에 주인공이 된다는 것은 한층 비현실적인 소설 속 이야기 같기도 했다.

 그래서일까? 둘의 만남이 평범했다고 말하는 그 어떤 커플의 이야기도, 결코 평범하지 않았다. 결국 두 사람이 만나 함께 쌓아 온 이야기는 특별했다. 전부 다 특별하기 때문에 '특별'한 것이 평범하게 느껴진다고 해야 할 정도다.

 어쨌든 나는 사랑이 귀하다는 시대에 저마다의 알록달록한 사랑을 몇 번이고 계속 목격하는 럭키가이로, 그 이야기가 나에게만 고여 있는 것이 아깝게 여겨졌다. 무미

건조한 단답, 자기방어, 냉소, 온기 없는 숫자로 가득한 모노톤 현실에 지쳐 '혼자'를 자처한 이들에게 이토록 형형색색의 사랑스러움이 존재하고 있음을 전하고 싶었다.

    지금부터 그간 만났던 수많은 커플의 특별해서 평범하고, 평범해서 특별한 사랑 이야기를 꺼내 보려 한다.

고영호

Contents

Prologue 그럼에도 불구하고, 사랑 　　　　　　　　* 6

사랑 one

1부

나눠 쓸 우산 하나면 충분하다	* 15
어떻게 모든 조건이 완벽하겠어	* 22
사이의 균열을 채우는 것	* 31
말이 없는 둘, 느린 템보의 악보	* 38
터보가 부릅니다, 씨버러버	* 50
예고 없는 반짝임	* 57
어떻게 사랑이 변하니	* 63

사랑 two

2부

모든 이는 특별하기에	* 75
사랑은 타임머신을 타고	* 80
진짜 귀여워	* 87
장난기 어린 웃음을 머금고, 강아지	* 93
오늘도 우리는 해맑게 맑음	* 103
아무튼 웃겨	* 113
마지막 매듭은 어떻게 지어야 하나요	* 120

사랑 three

3부

우연히도 화양연화	* 133
고래도 춤추게 하는	* 142
나의 고영희씨	* 148
베스트 프렌드	* 160
사진을 찍고 찍히며	* 171
끝사랑이 될 줄은 몰랐지, 이 풋풋한 첫사랑이	* 183
빛이 나는 솔로, 서로를 비춘 용기	* 195
항해	* 207

Epilogue 나의 남편, 고영호 * 218

1부

사랑
ome

나눠 쓸 우산 하나면
충분하다

 모든 하루가 특별할 수는 없다. 매일이란 대체로 다 비슷해서 기억 속에서 흐려지거나 두서없이 흩어지기 마련이다. 평범한 회사원이었던 시절, 눈을 떠야 할 시간에 습관처럼 스마트폰 알람을 끄고 출근 후 커피 한 잔으로 하루를 시작했다. 익숙한 메뉴로 점심을 때우고 나면 두 번째 커피로 오후를 버티다가 늘 비슷한 퇴근길을 걸었다.

 마치 자동으로 움직이는 기계처럼 몸이 기억하는 루틴들. 붐비는 버스 정류장, 버스에 오르는 계단 두어 칸,

온갖 광고판에 관심조차 끌리지 않은 건 언제부터였을까. 그렇게 하루가 접히는 저녁을 지나면 다음 날 똑같은 하루가 다시 펼쳐지는 기분. 삶이란 참 건조하다는 생각이 들면 서글퍼지기도 했다.

적어도 평일은 건빵처럼 퍽퍽하고 심심했다. 여유 없는 일일 시간표 위를 걷다 돌아보면 일주일을 훌쩍 달려와 있곤 했다. 매뉴얼처럼 반복되는 하루하루, 말랑한 감정은 그 매뉴얼에서 묶음 처리되고 있었다.

지금도 카메라를 들고 거리를 걷다 보면, 그때의 내가 떠오르는, 사람들의 경직된 얼굴이 유독 눈에 들어온다. 허공으로 흩어지는 백색소음 속에서 사람들이 각자의 방향으로 걸어가고, 그들이 향하는 목적지는 대부분 어제와 똑같은 자리겠지. 표정은 있지만 감흥이 없고, 말은 하지만 마음은 전해지지 않는다.

건조하고 지겨운 일상은 그렇게 사람들의 마음마저 드라이플라워처럼 말려 버린다. 마른 마음은 아주 작은 자극에도 쉽게 갈라진다. 그런데 반대로 생각해 보면 쩍쩍 갈라진 건조한 틈새로 빗물은 더 빠르게 그리고 깊게 스미는 것은 아닐지.

어느 가을날 한 커플의 웨딩 사진을 촬영 중이었다. 장소는 오래된 골목이었고, 오후의 햇빛은 조용히 벽돌 틈을 메웠다. 오래된 골목 특유의 따뜻한 분위기가 조성되었다. 세월에 낡았지만 잘 정돈된 주변 풍경, 말라붙은 담쟁이넝쿨, 가끔 바람에 흔들리는 담 너머 빨랫줄. 조용하지만 다정한 그 공간에 둘은 나란히 앉아 있었다. 촬영에 앞서 이런저런 이야기를 나누다가 자연스럽게 물었다.

"두 분은 어떻게 만나셨어요?"

그는 살짝 웃더니 잠시 말을 고르고 조심스럽게 말을 꺼냈다. 회사에 다닌 지 8년, 반복되는 일상과 잊을 만하면 잡혀 있는 회식, 점점 무거워지는 책임감과 피로감에 점점 메말라가고 있었다고. 그러던 어느 날 퇴근길 버스에서 내렸는데 꽤 많은 양의 비가 쏟아지고 있었다고 했다. 우산이 없던 그는 딱히 방법이 떠오르지 않아 그 자리에 서서 내리는 비를 멍하니 쳐다보고만 있었다. 그러다 맞은편에 우산을 쓰고 서 있는 한 여자가 눈에 들어왔다. 그저 본능처럼 다가가 그는 말했다.

"저기까지만, 같이 쓰고 가도 될까요?"

말을 꺼낸 그도 당황스러울만큼 불쑥 건넨 그 부탁

에, 그녀가 담담하게 고개를 끄덕였다. 그렇게 둘은 같은 우산 아래에서 나란히 걷기 시작했다. 빗소리에 도시의 소음이 묻히고, 우산 위로 뚝뚝 떨어지는 빗방울 소리만이 두 사람 사이의 침묵을 채웠다.

숨소리가 들릴 만큼 가까운 둘 사이의 거리, 두 사람은 걸으며 서로의 옆얼굴을 흘끗 보았다. 단 몇 분, 단 몇 걸음. 하지만 그 짧은 순간이 그에게 전에 없던 특별한 삶의 감각을 일깨웠다고 했다. 함께 횡단보도를 건너고 이 순간을 놓칠 수 없었던 그는, 그녀의 연락처를 물었다.

"그날 이후로요."

그가 말했다.

"하루가 조금 다르게 느껴지기 시작했어요. 회사 앞 꽃집을 지나칠 때도 커피잔을 손에 쥘 때도 그녀가 떠올랐어요. 고작 3분 남짓이었는데, 그 3분이 제 일상 전체를 흔들고 있더라고요."

나는 그 장면을 머릿속으로 떠올렸다. 흐릿한 거리의 불빛, 빗물에 젖은 보도블록, 우산 아래 낯설지만 친절하게 어깨가 부딪히는 모습을. 나는 그가 말한 '몇 걸음 동안의 변화'가 어떤 것이었는지 조금은 알 것도 같아졌다.

특별할 것 없던 일상의 틈을 갑자기 파고드는 촉촉한 감정.

두 사람의 처음 만난 이야기는 오래되고 빛바랜 추억처럼 들리지 않았다. 여전히 비에 젖은 공기의 투명한 냄새가 배어났다. 둘의 처음 만난 날을 떠올리며 시작한 촬영이라서였을까. 그녀는 촬영 중에도 종종 그날이 떠올라 웃음이 난다고 했고, 그는 그녀를 볼 때 여전히 그때의 마음이 떠오른다고 했다.

둘은 유독 조심스럽고 조용한 사람들이었다. 말없이 걷는 장면이 많았고, 손끝은 살짝만 닿았다. 머리카락이 바람에 흩어지면 상대는 가만히 정리해 주었다. 잔잔한 두 사람이 영화에서나 나올 법한 용기를 그 순간 내었다는 게 반전이라면 반전이다. 만나야 할 사람들은 반드시 만난다는 말이 진짜라면, 그 반전은 꼭 필요했던 장치리라. 자신이 메말라가고 있었다는 그에게 그녀가 단비처럼 내린 것은 우연일까, 운명일까.

"여전히 세상은 똑같은데, 그 사람을 한 번 더 생각하게 되는 것. 그게 전부였다니까요."

우산 하나를 사이에 두고 시작된 사랑은 몇 번의 계절을 지나 지금 이 순간에도 계속되고 있다. 비가 오는 날이면 여전히 그날을 떠올리는 그와 그날 입었던 옷을 소중히 간직하고 있다는 그녀.

　사람들은 사랑의 시작에서 종종 대단히 거센 감정의 파도를 기대하곤 하지만, 정작 삶을 바꾸는 감정은 조용히 아무렇지 않게 스미기도 한다. 그날 돌연히 시작된 알 수 없는 그리움과 잔상이 그의 세상을 영원히 바꾼 것처럼. 사랑이라는 게 꼭 삶의 질서를 요란하게 뒤엎으며 등장하는 것은 아니었다.
　어떤 시작은 그저 비가 내리는 저녁, 나눠 쓸 우산 하나면 충분하다.

어떻게
모든 조건이 완벽하겠어

말 그대로 어떤 사랑은 시작되기 전부터 쉽지 않다. 기대보다 걱정이, 설렘보다 계산이 먼저 끼어든다. 때론 마음이 부족해서가 아니라 오히려 그 인연이 너무 소중하고 간절하기 때문일 것이다. 섣불리 다가서면 부서질까, 가까이 갈수록 잃게 될까, 마음은 생각보다 자주 물러서곤 한다. 열망과 포기가 부딪혀 멍드는 마음. 그래서 어떤 이들은 시작도 전에 아픔을 껴안게 된다. 그리고 그 상처를 들여다보며 스스로 묻는다. 이 마음이 커지도록 둬도 괜찮은 걸까.

대구에 살던 그녀와 광주에 살던 그는 소개팅으로 처음 만났다고 했다. 늦여름 바람에는 아직 더운 기운이 남아 있었고, 카페 창 너머로 햇살이 물결처럼 흔들리던 오후였다. 두 사람 모두 약속 시간보다 조금 일찍 도착했다. 누가 먼저랄 것도 없이 휴대폰 화면을 여러 번 확인하고 서로의 모습을 찾다가 눈이 마주쳤다. 그리고 동시에 웃음이 터졌다. 이상하게도 그 웃음이 어색하지 않았다고. 마치 오랜만에 다시 만난 사람처럼 생소한 익숙함. 처음 만난 두 사람이 서로 낯설지 않았다는 건 어쩌면 두 사람의 인연이 시작되려는 복선이었을지도 모른다.

대화는 생각보다 오래 이어졌다. 서로의 이야기를 따라가다 보니 시간이 훌쩍 흘렀다. 좋아하는 영화, 자주 가는 장소, 어릴 적 키웠던 강아지에 대한 기억까지. 서로 다른 도시에서 살아왔지만, 이상하게도 둘의 이야기는 결이 닮아 있었다.

그녀는 이야기하는 것을 좋아하는 사람이었고, 그는 경청하는 사람이었다. 그가 가끔 고개를 끄덕이며 웃을

때마다, 그녀는 자신의 이야기가 잘 전달되고 있다는 안도감을 느꼈다. 대화를 마치고 헤어지는 길, 그녀는 그에게 조심스럽게 물었다.

"광주랑 대구… 꽤 멀죠?"

그 말에 그는 잠시 웃으며 대답했다.

"네, 조금… 많이요. 근데 오늘은 그렇게 멀게 느껴지지 않네요."

그 말이 가벼운 농담인지 농담인 척하는 진심인지 알 수 없었지만, 그날 이후 두 사람은 서로를 계속 생각하게 되었다. 이상한 일이었다. 머릿속에서 그의, 그녀의 목소리가 자꾸만 떠오르고, 문득문득 그날 카페에 해가 스며들던 장면이 떠올랐다.

연애를 시작하기로 마음먹었을 땐 그 설렘이 물리적 거리를 온전히 메울 수 있을 거라 믿었다. 금요일 밤 기차를 타고 장거리 버스를 갈아타며 둘은 만나는 날들을 고대했고, 짧은 주말 동안 더 많은 것을 나누기 위해 애썼다. 만나기 전날 밤에는 그녀가 도시락을 준비하기도 했고, 그는 종종 헤어지기도 전에 다음주 기차표를 예매했다. 그들의 연애는 분명 특별했다.

하지만 예상했듯이 장거리 연애엔 좋아하는 감정만으로는 버티기 힘든 날들이 존재했다. 보고 싶을 때 볼 수 없다는 것, 가장 필요할 때 옆에 있어 줄 수 없다는 것은, 스스로 상처를 주는 일이기도 했다. 마음은 꽉 차올라 가장자리가 찰랑였고, 그 감정을 전하지 못해 그대로 넘치는 것을 두고 봐야 할 때는 속상했다.

어느 날 그녀가 야근을 마치고 힘겹게 귀가한 밤 전화를 걸어 그의 목소리에 기대어 울음을 터뜨렸다. 그는 침착하게 듣고 있었지만, 그저 듣는 것밖에 할 수 없다는 무력감과 이럴 때 어깨를 곧바로 내어 줄 수 없다는 절망감에 그날 밤 쉬이 잠들지 못했다. 그리고 그런 좌절들이 반복될수록, 서로가 서로에게 미안해졌다. 가벼이 위로할 수 없어 미안했고, 더 안아 주지 못해서 미안했고, 미안하게 만들어서 미안했다. 점점 오고 가는 정다운 말 대신 미안함의 침묵이 둘 사이에 들어차기 시작했으리라.

촬영을 마치고 그는 조심스레 말문을 열었다.

"사실은 멀어서, 포기했던 적도 있어요. 생각한 것보다 훨씬 더 힘들더라고요."

그녀도 그 말을 들으며 고개를 끄덕였다.

"그래도… 결국은 놓고 싶지 않았어요. 멀다고 해서 미안하다고 해서 마음이 줄어들진 않더라구요."

그들은 한 번의 이별을 겪었다. '더는 안 되겠다'라는 말은 사실 마음이 너무 커서 감당하기 버겁다는 말 대

신이었다. 사랑이 식어서가 아니라 사랑을 주체할 수 없어서 선택한 반발이었다. 사랑이 커질수록 상처도 자라고, 높아져 가는 기대는 결국 실망과 실랑이로 번졌다. 절망과 허탈함의 반복은 두 사람의 인내심에 불을 질렀다.

그래서 다시 만났을 때, 그들은 서로에게 웃는 법부터 배워야 했다. 조심스럽게 다시. 재가 되어 버린 감정을 데우는 일은 처음 손을 잡는 것보다 훨씬 어렵고 지난했다. 천천히 아주 천천히 둘은 관계를 되살렸다.

웨딩 촬영은 늘 어느 정도의 긴장과 설렘이 공존한다. 하지만 그날은 이상하리만큼 단호한 분위기가 있었다. 그녀의 장난기 있는 말투와 익숙한 듯 그녀의 머리카락을 어루만지는 그의 얼굴엔 미소가 가득했다. 그리고 둘 사이에 느껴지는 아주 단단한 신뢰. 나는 두 사람이 걸어가는 뒷모습을 렌즈로 따라가며 생각했다. 그들이 지나온 시간 속에는 수많은 기다림과 배려 그리고 믿음이 있었을 것이라고. 어떤 사랑은 한 번의 고백을 시작으로 순탄하게 전개되지만, 이들의 사랑은 여러 번 반복된 선택과 용기였을 것이라고. 다시 또 먼 거리를 달려 만나기로 한 마음, 그럼에도 무너지지 않기로 한 다짐, 울음을 삼킨 침묵 속에서도 서로를 잃지 않기로 한 약속이 수없이 반복되었을 테다.

사랑은 빈틈이 없어서가 아니라 그럼에도 불구하고 이어가려는 마음에서 더 깊어진다. 때로는 싸우고 오해하고 연락이 늦어 사소하게 속상할 때도 있지만, 다시 그 사람에게 향하는 결코 사소하지 않은 마음. 그것이 사랑을 이어가는 힘이 된다.

나는 그들의 사진을 작업하며 생각했다. 어떤 관계는 연속성으로 지속되는 것이 아니라 마음의 두께로 이어진다고. 그리고 그 두께는 버틴 시간이 남긴 훈장이 아닌가 하고. 바로 옆에 있으면서도 마음이 멀어지는 이들이 있듯이 어떤 이들은 몇 개 도시만큼의 거리를 사이에 두고서도 마음이 가깝게 이어지도록 버틴다. 장거리 연애가 때로 두 사람의 관계를 밀도 있게 만들 수도 있는 재료라는 것은 조금 아이러니하고 가혹하지만, 그만큼의 애틋함과 그리움을 이겨 낸 경험이란 비할 데가 없을 것이다.

사진 속 그들의 모습은 언뜻 평범해 보일지도 모른다. 나란히 앉은 커플, 서로를 바라보며 웃는 얼굴. 하지만 나는 렌즈를 통해 그 표정의 안쪽에 있는 이야기들이 오버랩된 모습을 본다. 첫 만남의 어색한 웃음, 기차역에서의 눈물, 이별 통보를 하고 차마 끊지 못한 전화, 다시 만났을 때의 떨림. 그 모든 것이 프레임 하나하나, 표정 하나하나에 녹아 있다.

무심히 감상하던 명작도 비하인드 스토리를 듣고 다시 보면 그 깊이와 의미가 새삼 다르게 느껴지는 것처럼 두 사람의 역사를 듣고 나면 그들을 담은 사진이 비밀스러운 고백처럼 느껴진다. 내가 셔터를 누르는 건 찰나지만 그 안에 수많은 날이 겹쳐지는 것이다.

끝내 이어지는 사랑에게 시련은 위기가 아닌 위기를 헤쳐 나갈 준비일지도 모른다. 그리고 결국 그 모든 준비의 시간마저 사랑이었으리라.

사이의 균열을
채우는 것

수많은 연인의 수없이 다채로운 장면을 햇살 좋은 날의 공원에서, 흐린 날의 골목에서, 익숙한 일상 속에서 사진으로 담아 온 시간들. 나에게는 두 사람이 견고하고 행복해 보일수록 불현듯 떠오르는 질문이 하나 있다.

"시시때때로 찾아오는 균열을 어떻게 메꿔 왔나요?"

행복한 순간을 남기고 기념하려고 내게 찾아온 사람들은 서로의 눈이 마주치면 웃음이 터지고, 어깨에 자연스럽게 기대며 사랑스러운 듯 서로 머리카락을 넘겨준다.

나는 고조된 온기를 느낀다. 다시 말하면 온기만이 느껴지는 순간들의 정점을 본다. 손끝마다 시선마다 정겨운 마음이 흐르는 것을 직관하며 흔히들 사랑이 담긴 장면이라고 하는 순간을 사진으로 남기게 된다.

하지만 삶이란 펼쳐 보면 지루하게 반복되는 일상이므로 매 순간 환희에 벅찰 수는 없다. 일촉즉발의 상황을 피하는 시선, 팔이라도 닿으면 소스라치게 놀라는 긴장감, 짜증스러운 싸움 전후의 상황들을 단 한 번도 겪지 않는 오랜 관계가 세상에 있을 리가.

하지만 관계의 균열을 어떻게 메꿔 왔는지 궁금해했으면서도 막상 그 갈등을 처음 보았을 때는 나도 어찌할 바를 몰랐다. 이 일을 할수록 '예상과는 다른' 얼굴들을 '생각보다 자주' 마주하곤 했다. 사람들은 사랑에 빠진 연인을 카메라에 담는 일이라면 웃음만이 가득한 장면들의 연속일 거라고 막연히 생각한다. 나도 그랬다. 하지만 실제는 다르다. 웃어야 할 타이밍인데 웃지 못하고 어색한 몸짓으로 뚝딱거리며 애써 표정을 감추는 연인들. 완벽한 장면을 연출하고 싶지만 마음이 온전히 내키지 않는 상태.

그래서 가끔 연인 사이에 완벽한 행복감이 아닌 숨

길 수 없는 미세한 틈이 보일 때면 나는 더 잠자코 렌즈를 통해 그들을 바라보게 되었다. 기껏 시간 내어 사진을 찍으러 오긴 왔지만 웃기 전의 망설임이라든가 손을 내밀기 전의 불안을 미처 숨기지 못한 때, 또는 말없이 서로를 지켜보는 순간에 차가움이 스칠 때면 나는 더욱 오랜 시간 렌즈를 들여다본다.

사소한 싸움이 있었을지도 모른다. 아니면 길게 이어지던 냉전 중에 마지못해 카메라 앞에 같이 섰을지도 모른다. 어떤 경우든 카메라 렌즈 뒤 내 눈에도 균열이 보일 정도면 대부분 두 사람은 말이 없다.

한 번은 침묵 속 두 사람을 사진에 담아야 했던 적이 있다. 서로를 보지 않는 채 걷는 연인이었다. 나란히 걷고 있었지만 시선은 각자의 발 앞에만 닿아 있었다. 굳은 표정의 그들은 거의 입을 열지 않았다. 정적이 공기처럼 둘을 에워쌌다.

그런데 그러한 의도적인 회피 가운데서도 나를 멈추지 않도록 했던 것은 둘의 시선은 맞닿지 않은 내내 서로의 손은 잡고 있었다는 사실이다. 그저 당연하다는 듯.

그건 뭐랄까, 의지의 표현처럼 보였달까. 말로 하면 깨져 버릴 것 같은 감정을 달래어 붙들고 있는 두 손. 나는 그 순간, 셔터를 누르지 않을 수 없었다. 화기애애하게 말이 오가는 장면과는 다른 감정 너머의 신의가 머무는 장면이었다.

촬영이 계속되고 어느 순간 두 사람은 거의 동시에 고개를 돌려 서로를 바라보았다. 드디어 눈이 마주친 순간이었다. 여전히 말 대신 눈빛으로만. 그 작은 제스처뿐이었는데 불안과 조심스러움이 한결 걷혔다. 그제야 차가운 긴장감이 따뜻한 다정함으로 녹아내리기 시작했다. 사랑이 거기 있었다! 이보다 더 완벽하게, 한낱 균열에 코웃음 치며 존재감을 드러낸 사랑이 있었던가. 연출처럼 찾아온 타이밍 덕분에 그들은 끝까지 조용했지만 여느 연인보다 단단했던, 인상적인 두 사람으로 기억된다.

나중에 들은 이야기지만, 두 사람은 대학 시절에 만나 지금까지 십 년 가까운 긴 시간을 함께해 온 커플이었다. 그들의 젊음은 함께 자랐다. 꿈도 함께 무르익었다. 어느 정도 현실과 타협하고 직장인이 된 이후에도 서로의 곁을 지켰지만, 사회생활의 피로도는 말로 털어 내지 못할

응어리로 쌓이곤 했다.

 두 사람은 촬영 전 싸움이 있었고 바로 전날까지도 마음을 온전히 풀지 못했지만, 촬영 약속을 깰 수는 없었다. 그러니까 촬영을 시작했을 때 서로를 보지 않고 걷던 모습은, 그 싸움의 여파가 그림자처럼 고스란히 드리워 있었던 것이었다. 그럼에도 불구하고 말없이 맞잡은 손길은, 지금껏 관계를 방해하던 숱한 파도와 균열을 어떻게 버텨 왔는지를 보여 주었다. 그 무엇보다 소중하고 중요한 상대임을 잊지 않겠다는 단순하지만 확실한 의지의 두 손.

 그날 이후 나는 말 없는 연인이 카메라 앞에 설 때면 유심히 살핀다. 지금 어디에 있는지, 두 사람이 붙들고 있는 그 약속의 자락. 어쩌면 두 사람도 미처 눈치채지 못한 찰나의 순간이나 제스처를.

 연인 사이에 의미 있는 말이 사라진 대화를 하거나 그 대화마저 단절이 되면 마음은 속절없이 무너진다. 사랑해도 그런 순간은, 사랑에도 그런 틈은 수시로 찾아온다. 하지만 그때야말로 사랑의 본 모습이 가장 선명해지기도 한다.

사랑은 사랑이 끝났을 때 시작된다는 말도 있지 않은가. 초기의 달뜬 마음이 가시면 비로소 본 게임이 시작된다는 의미일 것이다. 달콤하기만 했던 말이 어느새 사라진 틈, 일상의 배려가 느슨해진 틈, 상대에게 좋은 모습만 보여 주고 싶던 마음을 포기하게 되는 틈에 과연 우리의 사랑은 습관처럼 자리 잡았는가. 그때 두 사람은 비로소 안개가 걷힌 사랑의 진짜 얼굴과 마주하게 된다.

그 모든 감정의 롤러코스터 종착지에서 상대방은 내게 손을 흔들고 뒤돌아서는가 아니면 여전히 내 손을 꼭 잡고 있는가.

말이 없는 둘,
느린 템포의 악보

그 커플의 이름은 낯설지 않았다. 유달리 독특하거나 아는 지인과 겹치는 이름이 아니었는데도 왠지 익숙하게 느껴지는 이름의 조합이었다. 두 사람은 일 년 전쯤 촬영을 예약했다가 갑작스레 취소했던 적이 있는 커플이었다. 촬영 날짜가 가까워지면서 날짜와 장소, 촬영 컨셉을 확인하며 주고받은 연락 속 문장은 짧고 정중했으며 기대와 설렘을 내보이는 대부분과 다를 바 없었다.

 익숙한 흐름 속 한 페이지처럼 둘의 이름을 일정표

에 적어 두었고 하던 대로 답장을 보냈다. 그리고 보통 해 왔듯이 장비를 점검했다. 그런데 며칠 뒤 그들에게서 다시 연락이 왔다. 이번에도 짧고 단정한 문장 한 줄.

"죄송하지만 개인적인 사정으로 촬영을 진행하기 어렵게 되었습니다."

변명도 없었고 감정도 거의 묻어나지 않았다. 무미건조하고 간결한 통보였다. 그래서 나도 더 묻지 않았다. 그냥 "알겠습니다. 괜찮습니다"라고 답했다. 종종 있는 취소 요청은 그저 스쳐 지나가게 둔다. 개인적인 사정이나 사연이 궁금할 때도 있지만, 아직 만난 적 없는 사람들이기에 개인적인 의문은 묻어 두는 것이다. 묻지 않고 말하지 않으면 조용히 사라진다. 그래서 그 이름을 특별히 마음에 남기지 않았고 일정표에서 지워 냈으니 자연스레 잊힐 인연이었다.

하지만 일 년이 다 지난 어느 날 같은 계절, 같은 달, 예약 문의 연락함에 그 이름이 다시 도착했던 것이다. 처음에는 착각인 줄 알았다. 동명이인의 단순한 우연인가 하고 말이다. 하지만 메일 속 어조는 익숙했고, 단어의 조합은 그날의 문장을 떠올리게 했다.

"혹시 같은 스타일로 다시 촬영을 부탁드려도 될까요?"

담담한 말투 속 '다시'라는 단어 하나가 마음에 오래 남았다. 다시. 그 말엔 지나간 시간이 들어 있었다. 두 사람의 의뢰가 돌아왔다는 사실이 기쁘기도 했지만 동시에 조심스러웠다. 그리고 그들의 지난 사연이 궁금해졌다. 모른 채로 사진을 찍을 수도 있었겠지만 예상치 못한 재회는 기억을 되짚게 했다. 나는 두 사람이 단지 시간이나 일정이 안 맞아서 일 년을 기다린 것이 아니라 다른 무언가를 건너 다시 지금에 도착한 것 같았다.

촬영 당일 그들은 나를 보자마자 밝게 인사했다. 그 미소가 어색하진 않았지만 사뭇 정돈되어 있었다. 두 사람은 손을 잡고 있었지만, 그 손엔 힘이 없었고 눈빛이 서로를 향해야 할 때면 머뭇거림이 느껴졌다. 나는 아무것도 눈치채지 못한 척 장비를 꺼냈다.

그들은 천천히 자리에 섰고 나는 포즈를 요구하지 않았다. 오히려 그대로 두었다. 그들을 보면 볼수록, 준비되지 않은 마음 위에 포즈를 얹는 것이 어울리지 않는다는 생각이 들었다. 그들은 한참을 그렇게 서 있었다. 내가 카메라를 들기 전에도, 셔터를 누른 뒤에도, 아주 천천히 호흡을 맞추고 있었다. 마치 오랜만에 연주하는 느린 곡처럼 음표 하나하나가 조심스럽게 이어지고 있었다.

그 순간 카메라 너머에서 묻고 싶은 것이 생겼다.

"실례가 되지 않는다면 여쭤봐도 될까요? 일 년 전쯤 왜 촬영을 취소하셨는지."

두 사람은 잠시 서로를 바라봤다. 말없이 눈을 맞춘 채 아주 잠깐의 정적이 흘렀다. 그리고 그녀가 조용히 입을 열었다.

"헤어졌었어요."

그 말은 담담해서 서글펐지만, 그 짧은 한마디에 전부가 담겨 있었다. 나는 아무 말도 하지 않고 고개를 끄덕였다. 이후에 이어진 이야기도 길지 않았다. 말을 아끼는 것은 그들의 방식인 듯했다. 짧은 말들의 행간에 감정을 숨겨 두는 방식. 두 사람은 서로를 너무 잘 안다고 생각했고 그래서 질문하지 않았다고 했다. 짐짓 괜찮은 척을 반복하다가 결국 너무 멀어져 버렸다고.

연인 사이에 오해가 쌓이고 다툼으로 요란하게 폭발하면 둘 사이가 끝나기도 하지만, 사소하고 무해해 보였던 침묵들에 뿌리가 썩어 버리기도 한다는 것을 나는 그들의 이야기를 들으며 알게 되었다. 어쩌면 가장 무서운 건 싸움이 아니라 아무 일도 일어나지 않게 하는 침묵일지도 모른다. 말하지 않아도 된다고, 말하지 않아도 알 거라고 믿었던 마음이 닿지 않는 것을 알게 되는 날의 충격. 침묵은 금일까 했더니 독이었다는 것을 뒤늦게 깨닫는 공포.

    그날의 촬영은 몇 년 동안 찍은 커플 사진 중 가장 조용한 현장이었다. 분위기는 온화한데 말소리는 거의 없는 무성 영화 같은 장면들. 둘은 과한 장면을 연출하고 싶어 하지 않았고 지나치게 다정하지도 않았다. 서로를 향한 부드러운 미소도 사실 어딘가 조심스러웠다. 껴안을 듯 가까워졌다가도 문득 거리를 두었고 단단히 손잡기보다는 느슨히 닿는 편을 선택하는 사람들. 나는 그런 흐름을 처음부터 예감하고 있었는지도 모른다. 느리게 재생되는 익숙한 음악 같은 감정선, 라르고, 아다지오. 반경이 작은 왈츠. 지나온 흔적들은 몸에 리듬으로 남기 마련이니까.

    그 느슨한 연결 안에서 나는 오히려 더 진실한 무언가를 느꼈다. 누군가를 향한 진심이 반드시 강하게 표현되어야만 하는 건 아니라는 것을. 격한 포옹이나 화려한 미소보다 눈을 마주쳤다가 피하는 순간, 입꼬리를 올릴까 말까 망설이는 얼굴, 손끝이 망설이며 상대의 옷깃을 스치는 동작 같은 것들. 그런 조심스러움 또한 진심의 모양이라는 것을 이 일을 하면서 보았다.

그들은 변화를 다짐하고 있지 않았다. 대신 회복기에 있는 감정을 조심스레 들여다보고 있었고, 늘 하던 대로 말로 사랑을 설명하는 대신 몸에 밴 이해를 다시 꺼내고 있었다. 서로의 공백과 그로 인한 아픔을 지나온 사람들만이 가진 눈빛이 있었고, 나는 그 눈빛이 만들어 내는 공기를 조용히 느끼고 있었다.

프레임에 담기는 건 단순한 외형이 아니라 관계의 결이다. 두 사람의 무게감 있는 리듬은 포즈로는 연출되지 않는다. 묵직하게 공간을 채운 순간들을 가볍게 띄우지 않기 위해 나 역시 촬영 내내 말수를 줄였다.

한 장면을 찍고 나면 그들은 자주 고개를 숙였다. 서로를 바라보기보다 같은 방향을 바라보았고, 때론 일부러 시선을 피하는 것처럼 느껴질 정도로 조용했다. 사진을 확인하겠다는 말도 없었으니, 나 또한 어떤 컷이 마음에 드는지 물을 일이 없었다. 둘은 그저 그 자리에 함께 있는 것만으로 충분하다는 듯 작게 숨을 고르고, 다시 카메라 앞에 섰다. 그 모습이 나에겐 오히려 더 인상 깊었다. 일반적인 커플은 자주 사진을 확인하기도 하고, 마음에 드는 컷을 고르며 나에게 말을 붙이기도 하면서 서로를 다시 확인하려는 듯 마주 보며 웃기도 한다.

하지만 그들은 '지금 우리 사이에 흘러가는 이 공기가 어떤 말보다 정확하다'는 듯 조용했다. 그래서 나는 그들이, 그들다운 그 시간이 좋았다. 어설프게 드러내지 않으면서도 아무것도 놓치지 않는 유연하고 느긋한 분위기. 말보다는 온기로, 존재로 증명되는 감정. 말은 때로 너무 빨리 도착하지만, 온기와 존재는 늘 제시간에 머무른다. 그들이 선택한 방식은 조심스러운 동시에 단단했다. 오랜만의 느긋한 템포는 사뭇 친절하여 나는 그 안에서 오래 머물고 싶어질 지경이었다.

촬영이 끝나갈 무렵, 나는 조심스럽게 물었다. 묻지 않고는 지나칠 수 없을 것 같았다.

"다시 만나게 된 건 언제였나요?"

그녀는 잠시 숨을 골랐다가 조용히 말을 꺼냈다.

"헤어지고 몇 개월쯤 지나 그가 아무 말도 없이 집

앞에 책 한 권을 두고 갔어요. 어떤 메모도 편지도 없었는데, 그 책을 들고 며칠을 울었어요. 그에게서 다른 말도 없었고요. 하지만 그 책을 보는 순간 알았어요. 아, 이 사람이 아직 내 마음 가까이에 있구나. 나를 향한 감정을 여전히 지니고 있구나."

그 책이 무슨 책이었는지는 묻지 않았다. 그 책이 시집이든, 소설이든, 사진집이든 무슨 상관이겠는가. 중요한 건 내용이 아니라 그가 '말없이' 무언가를 두고 간 사실이었을 테다. 두 사람에게는 말보다 절절한 대화였을 것이다. 그가 굳이 말로 하지 않았음에도 그녀는 들었으니까. 때로는 입 밖으로 내지 않은 말이 훨씬 더 깊이 닿는다. 그들에게는 책 한 권이 바로 그 말을 대신했던 것이리라. 장황한 사과와 변명 대신 나눈 무언의 '대화'는 두 사람만이 할 수 있는 일이었을 것이다.

그 이후 그들은 다시 조심스럽게 서로에게 연락을 시작했다고 했다. 그전에는 당연했던 말들이 이제는 천천히 꺼내지는 말이 되었다. 서로의 안부를 묻는 일조차 다시 배워야 하는 일이 되었다고.

"잘 지내?"

"밥은 먹었어?"

"그때 내가…"

아주 짧고 간단한 말로 관계를 다시 열어 갔다. 그들은 다시 만나고 나서야 깨달았다고 했다. 말하지 않았던 것들이 조용히 쌓여서 오해가 되었고, 그 오해들이 무너질 수 없을 만큼 굳어졌을 때, 그들은 관계를 놓아 버렸다고. 나중에야 감정이 사라진 게 아니라 말로 표현하지 않아서 그 공백이 서운했던 것이라고. 그 말에 나는 고개를 끄덕였다.

하지만 그들의 이야기를 들으며 말은 감정을 명확히 전달하는 수단이 되기도 하지만, 때로는 그 감정을 왜곡하는 매개가 되기도 한다는 생각이 들기도 했다. 단어 하나가 감정을 갑자기 무겁게 만들고, 잘못 고른 어휘 하나가 오해를 키우기도 하니까. 또는 말을 잘 못할 수도 있지. 그러나 오래 말하지 않으면 결국 마음이 오가던 길은 말라 버리는구나.

어쩌면 두 사람의 다툼 이유는 말이 너무 많아서도 말이 너무 없어서도 아니었을 것이다. 둘 사이의 느린 템포를 치명적인 침묵으로 오해한 서운함이 멋대로 커지기 시작했기 때문이지는 않았을까. 꼭 말로 해야 한다는 강박은 서운함에 박차를 가했을 것이다.

말하지 않으면 알 수가 없다고들 한다. 하지만 이 두 사람은 돌고 돌아 둘만의 대화 방식과 리듬을 찾은 것인지도 모르겠다.

그날 내가 찍은 그들의 마지막 사진은 배경도, 포즈도, 표정도 특별할 것 없는 컷이었다. 그저 두 사람이 차분하게 앉아 있었다. 그런데도 알 수 있었다. 이 사진 속에 담기고 있는 감정은 아주 특별하다는 것을.

가만히, 고요히, 그러나 함께.

터보가 부릅니다,
씨버러버

세상이 변하면서 첫 만남 방식도 다양해졌다. 스마트폰이 이렇게 보편화되기 전에는 주변 사람들을 통한 소개팅이나 미팅, 알음알음 닿는 사람들과 인연을 시작하곤 했다. 그런데 요즘에는 SNS를 통해 자연스럽게 대화를 시작하며 인연을 만들거나 관심사와 취미, 성격은 물론 정치적 성향까지 세세히 분류해 주는 소개팅 앱도 등장했다. 바야흐로 만남까지 스마트해진 시대. 둘 사이에 연결된 사람이 없어도 얼마든지 새로운 사람을 만나는 것이 가능해졌다.

보수적인 이들은 이런 만남을 인정하지 않기도 한다. 신뢰를 바탕으로 하지 않고 중요한 관계를 맺기에는 출처를 알 수 없는 인물의 위험함을 꼬집어 지적하기도 한다. 허상과 왜곡의 가능성이 존재하니까. 그래서 앱을 통한 만남을 나약한 레퍼런스를 기반으로 하는 건강하지 않은 관계로 치부하기도 한다.

　상대가 온라인에 전시한 프로필은 어디까지 믿어도 되는 걸까. 그 상태에서 오프라인 만남을 시도한다는 것의 불안정성은 대부분 동의할 것이다. 하지만 한편으로는 내가 호감을 가질 만한, 나와 잘 맞는 성향을 지닌 이를 찾는 데 이보다 더 효율적인 방식이 있을까 싶기도 하다. SNS에 진열된 취향들, 만남 앱에 등록된 신상 정보들을 미리 확인하는 것은 전혀 다른 취향의 어떤 이와 허무하게 커피 한 잔으로 끝나는 소개팅보다 합리적일 수도 있으니.

　딱 봐도 풋풋한 20대 커플의 촬영을 진행할 때였다. 둘이 서로를 바라보는 눈빛에는 애정이 가득했다. 이런 시선을 두고 꿀이 뚝뚝 떨어진다고 한다지. 주고받는 말에서도 당도 100퍼센트 단어들이 끝없이 흘러나왔다. 어떻게

만났냐고 물었더니 소개팅 앱이라는 대답이 돌아왔다. 하지만 놀라긴 이르다. 나와의 촬영 날은 두 사람이 만난 지 딱 100일이 되는 날이었고, 결혼 또한 3개월 뒤 어느 날로 예정되어 있었다. 두 사람은 만난 지 6개월 만에 결혼하는 셈이었다.

  그는 기사 자격증을 준비 중인 취준생, 그녀는 평범한 직장인이었다. 결혼해서 아이를 낳고 키우고 있는 30대 중반의 나에겐 생경한 스토리라서 그 모든 게 조금 비현실적으로 느껴졌다. 어떻게 이런 전개가 가능할까 싶은 마음도 들었다. 가상의 플랫폼을 통해 시작하고 반년이라는 시간만으로 서로를 증명하고 평생을 함께하기에 충분하다고 결심한 용기가, 선뜻 납득이 되지 않았다. 그들이 조금은 철부지 같다는 생각이 든 것은 나도 이제 어느 정도는 꼰대가 되어 버렸다는 반증이었겠지.

  촬영은 즐거웠다. 정말 너무나도 즐거웠다. 신나는 팝 음악이 배경음악으로 깔린 듯 둘의 움직임은 거리낌 없고 생동감이 넘쳤다. 물론 만난 지 100일. 서로 바라보기만 해도 사랑이, 불꽃이 틸 시기다. 두 사람에게 이 촬영은 '결혼 준비 A to Z' 리스트에 있는 일 중 한 가지가 아니었다. 둘의 특별한 데이트 중 하나였을 뿐이었다. 많은 이들이 카메라 앞에 서면 어색해하는 것과 달리 둘은 참 자연스러웠다.

이동 중에 그녀가 마시던 커피가 아주 살짝 드레스에 튀었다. 티도 안 날 정도였지만 그녀는 깜짝 놀라며 혀 짧은 소리로 "오빠, 나 여기 커피 묻어떠!"라고 말했고, 그는 그런 그녀를 바라보며 "아이구, 귀여워" 하고 웃었다. 간지러운 대화에 운전 중이었던 나는, 참지 못하고 그만 "으악!" 하고 소리쳤다. 두 사람은 쑥스러워하면서도 꽁냥꽁냥 장난을 주고받았다. 그 모습을 보고 있자니, 두 사람의 귀여운 에너지에 나도 점점 마음이 움직였다. 나 같은 꼰대의 시선으로부터 자유로워져서 두 사람이 보란 듯이 행복하기를 응원하고 싶은 마음이 들기 시작했다.

촬영을 마치고 석 달쯤 지나 "덕분에 결혼 잘했어요"라는 그들의 연락이 왔을 때, 내 마음은 환해졌다. 그리고 정확히 4년 뒤 다시 연락이 왔다. 이제 막 태어난 아이와 함께, 작가님과 다시 촬영하고 싶다고. 반가움과 기쁨이 한꺼번에 밀려들었다. 동시에 내가 가졌던 노파심이 얼마나 오만했는지 깨우치면서, 오히려 안도감을 느꼈다.

비록 일정이 맞지 않아 촬영은 미뤄져 아직 그들의 2세는 만나지 못했지만, 두 사람으로 인해 인연을 시작하는 방식이 생각보다 중요하지 않을 수도 있다는 것과 불확실해 보이는 만남이 성실하게 사랑으로 자라나기도 한다는 것을 나는 유쾌한 방식으로 깨달았다.

아무것도 하지 않으면 아무 일도 생기지 않는다. 나는 보수적인 편이라 여전히 사람과 사람을 통해 소개받는 것을 더 추천하지만, 마땅한 사람이 주변에 없다면 "와이 낫?"이라고 말하고 싶다. 물론 상대를 알아볼 혜안은 필요하겠지만, 어쩌면 당신의 인연은 그곳에 있을지도 모른다.

예고 없는
반짝임

촬영을 하다 보면 예기치 못한 순간이 찾아오곤 한다. 예를 들면 촬영 막바지에 깜짝 프러포즈를 하기 위한 준비를 해 오는 경우가 종종 있다. 대부분은 촬영 전에 나에게 조심스레 미리 언질을 준다. 그 또는 그녀 몰래 비밀스러운 작전 회의를 거쳐 만들어진 감동적인 순간을 포착하는 것! 보다 매끄러운 진행을 위해서는 역시 동조가 필요하다. 그래서 이미 계획된 프러포즈라면 촬영 구도나 장소를 사전에 구상해 두기 때문에 별 어려움 없이 진행된다. 상

상했던 장면을 미리 그려 본 그대로 담아내면 되기에, 특별한 변수만 없다면 문제는 없다.

    하지만 그날은 달랐다. 아침저녁으로 가을 냄새가 스며들기 시작하던 9월의 어느 날이었다. 유독 공손하고 예의 바르던 그, 톡톡 튀는 발랄함이 매력적인 연상의 그녀와 함께 서울의 한 공원에서 촬영을 진행한 날이었다. 공원에는 코스모스가 예쁘게 피어 있었고, 아직 남은 능소화와 푸르른 나무들이 어우러져 두 사람을 동화처럼 감싸는 배경이 되어 주었다.

    8년의 연애라고 했다. 긴 시간 동안 한결같이 차분하고 평화로운 성격의 그를 보며 결혼을 결심하게 되었다는 그녀. 그 잔잔함이 때로는 지루하게 느껴져 돌멩이 하나 던져 작은 물결이라도 일으켜보고 싶었을 법도 했건만, 늘 그녀를 배려해 주는 그의 넓은 마음이 사실은 어지간해서는 동요되지 않는 바다라는 것을 그녀도 알고 있었으리라.

    촬영이 막바지를 향해 가고, 우리는 한강 둔치에서 잠시 휴식을 갖기로 했다. 두 사람은 강변을 잠시 산책하며 야경을 보고 오겠다고 했다. 나는 그 모습을 멀찍이서 바라보며 숨을 고르고 있었다. 저 멀리 도달한 두 사람은 오늘 하루 고생했다며 시답잖은 대화를 나누는 듯 보였다.

그러다 갑자기 그가 주머니에서 작은 무언가를 꺼내더니 그 자리에서 무릎을 꿇는 모습이 보였다. 순간 너무 놀란 나는 본능적으로 카메라를 들었지만, 조리갯값조차 제대로 확인하지 못한 채 연신 셔터를 눌러야만 했다. 그녀는 깜짝 놀란 듯 두 손으로 입을 가리더니 이내 눈물을 흘리는 것 같았다.

전혀 예상치 못한 순간이었다. 하지만 다행히도 흔들린 사진과 초점이 살짝 나간 몇 컷을, 그때의 떨리는 감정이 오롯이 담긴 기념품으로 남길 수 있었다. 내가 있는 자리로 돌아온 그녀는 눈물을 닦으며 웃었다.

"평생 못 잊을 것 같아요."

갑자기 등장한 그날의 프러포즈는 빈틈없는 계획 하에 진행되는 이벤트와는 전혀 다른 울림이 있었다. 행여 예기치 못한 문제가 발생할까 봐, 그 예기치 못한 사고가 완벽해야 할 프러포즈의 순간을 망칠까 봐, 사전에 꼼꼼히 준비한 프러포즈를 포착할 때도 감동적이었다. 하지만 결과는 차치하고 본연의 의미 자체에 모든 집중력을 다한 두 사람의 프러포즈도 몹시 아름다웠다. 흔들렸지만 선명했고, 준비되지 않았지만 완벽했던 두 사람만의 영화 같은 순간을 담을 수 있음에 내가 다 감사할 정도로.

나의 프러포즈도 그랬다. 아내 몰래 아내 지인에게 물어 그녀의 취향에 맞는 반지를 준비했다. 말도 안 되는 반지를 살 뻔했는데 다행이다 싶었다. 반지도 반지지만, 나는 예고 없이 반지를 건네는 순간을 영상으로 남겨 그마저도 선물하고 싶었다.

하지만 아내는 계획대로 움직여 주지를 않았다. 그녀 모르게, 그녀를 카메라의 앵글 안으로 자리 잡고 앉히는 것만으로도 진땀이 났다. 드디어 계산해 둔 자리에 그녀와 내가 자리 잡고 등 뒤에 숨겨 두었던 반지 상자를 내밀자 아내는 소스라치게 놀라며 외쳤다.

"티파니를!!!"

그러다가 그녀가 우스꽝스러운 표정으로 울기 시작해서 결국 내가 머릿속에 그렸던 그림과는 전혀 다른 프러포즈 영상을 남기게 되었다. 하지만 그날을 떠올리면 나와 아내는 누가 먼저랄 것 없이 웃곤 한다. 그 순간 모든

게 진짜였음을 우리 두 사람은 알고 있기 때문일까.

    삶이란 게 그래, 계획한 대로만 흐른다면 얼마나 좋을까 싶다가도 곧이어 '그럼 재미없겠다' 싶은 간사한 마음이 스치고. 오락가락하는 사이에 예고 없이 찾아 드는 순간이 나를 가장 크게 흔들곤 했다.
    예측 불가능함 속에서 아랑곳하지 않고 반짝이는 순간은, 카메라의 필름에 남기지 못했다 하더라도 내 마음속 필름에 오래도록 남는 것이었다.

어떻게
사랑이 변하니

결혼이나 두 사람이 함께하는 새로운 출발을 앞둔 연인을 담는 것이 내 일의 큰 부분을 차지하지만, 부모님이나 아이가 있는 가족사진 역시 그만큼 자주 그리고 애정을 담아 찍고 있다. 연인을 담을 때와는 사뭇 다른 시선과 마음으로 촬영에 임하게 되는데, 그 차이는 자칫 매너리즘에 빠질 수도 있는 나를 때로는 긴장케 하고 때로는 붙잡아 깨우는 감각을 동반한다.

    고백하건대, 나도 내 아이를 낳고 난 이후에 아이를

바라보는 시선이 더욱 부드러워지고 따뜻해졌음을 스스로 느낀다. 그전에는 아이들이 귀엽긴 해도 대하는 데 어색함이 있었다는 것을, 내 아이로 인해 '작은 인간'에 대한 한없는 친근감과 경외감이 생기고서야 알게 되었다. 어른들이 옳았다. 아이들은 모두, 정말이지 사랑스러운 존재들이다.

하지만 동시에, 말을 참 안 듣긴 하지. 특히 두 돌 전후의 아이들은 통제라는 게 거의 불가능하다. 아이의 부모도 연신 아이를 제지하다가 양해를 구하다가 듣는 이 없는 사과를 허공에 외치며 패닉에 빠지기도 한다.

그래서 아이를 동반한 촬영을 할 때면 일부러 더 각 잡힌 순간과 완벽하게 짜인 구도를 지양한다. 대신 우당탕 거리고 정신없이 뛰어다니는 순간, 주체하지 못하는 웃음과 울음이 뒤섞인 날 것의 표정, 그 생생함을 그대로 담아내기 위해 노력한다. 차분한 찰나를 기대했던 부모님도 두 손 두 발 들고 결국 아이의 페이스에 휘말리게 되는 아이와의 촬영. 하지만 그들의 생각보다 훨씬 자연스럽고 내 아이다운 모습이 담긴 결과물을 건네면 대개는 깜짝 놀라며 기뻐한다. 매일 봤던 내 아이의 모습일지라도 사진을 통해

서 보면 새삼 귀하니까. 그래서 아이가 있는 촬영은 내게 있어서도 또 다른 기쁨이기도 하다.

나에게는 모두 의미 있고 반가우며 소중한 만남. 하지만 그중에서도 유독 설레는 마음으로 기다려지는 순간이 있다. 결혼사진을 찍으러 나를 찾았던 연인이, 아이를 낳아 가족사진을 찍고 싶다며 다시 연락을 주었을 때가 바로 그때이다.

이 일을 하면서 나는 사람들의 얼굴을 잘, 오래 기억하게 되었다. 아마도 강렬한 촬영 과정을 지나고 나서도 편집 과정에서 다시 오랜 시간 그 얼굴들을 마주하는 시간을 재차 갖기 때문일 것이다. 사진들을 편집하며 사람들의 얼굴을, 표정을, 눈빛을 들여다보고 있으면, 촬영 날 함께 나누었던 대화와 그날 있었던 소소한 에피소드까지 선명하게 되살아나곤 한다.

내 기억 속 한때 서로를 바라보며 웃던 풋풋한 연인이, 시간이 흘러 한 가족이 되어 다시 내 앞에 선다는 것은 내 마음 깊은 곳에서부터 정체 모를 감사함을 밀려들게 하는 사건이다. 사랑이라는 두 사람의 감정이 시간의 흐름을 헤엄쳐 또 다른 형태의 사랑으로 나아가는 과정을 가까운 거리에서 다시금 목격하고, 그 변화를 기록할 수 있다는 것은 나에게 주어진 어마어마한 특권이 아닐 수 없다.

그렇다면 원래의 사랑은 변하는 걸까?

그러니까 유독 기억에 남는 이들이었다. 그들이 주로 데이트했던 남편의 사무실, 공원 그리고 버스 정류장을 오가며 진행된 촬영이었다. 그날따라 노을도 보랏빛이 강렬하던 날이었기에, 마음속 한 켠에 깊게 자리매김했던 날이었다. 두 연인은 그 하늘을 배경 삼아 자유롭고 유유히 나는 새 같았다. 그랬던 둘이 이제는 셋이 되어 내 앞에 서 있었다.

어른이 한 아이를 동시에 바라보는 눈빛 속에는 끝없이 솟아나는 애정과 생장에 대한 경이로움, 그리고 단단한 약속 같은 책임감이 새롭게 담겨 있어 나 또한 숨을 고르고 촬영을 시작했다. 물론 아이는 한시도 가만히 있지 않았다.

여유로운 모네의 그림 같던 두 사람의 풍경이 이제는 한층 격정적이고도 뒤엉킨 피카소의 그림처럼 시끌벅적해졌다. 아이도 챙기랴, 옷매무새도 신경 쓰랴, 나와 주고받는 사인도 캐치하랴, 정신없는 와중의 두 사람의 모습은 이전과는 달랐다.

 온통 둘 뿐이었던 시절 머리카락에 붙은 먼지 하나 떼면서도 사르르 웃음이 나던 그때, 서로를 향했던 몰입이 전부 아이에게로 돌아선 지금, 둘은 시선 한 번 제대로 나누지 못하고 있었다. 혹시 서로에게 서운하지는 않을까 하는 괜한 염려마저 들었다.

 하지만 셋이 그려가는 불규칙한 붓질 속에 그들만의 질서와 규칙이 있는 따뜻한 세상이 보였다. 그러니까 '온통 둘 뿐이었던 세상'이 아이로 인해 경계를 넓히고 있었다. 나는 그 확장이 셋의 세상에 그치지 않는다는 것을 안다. 아니, 알게 되었다. 셋부터는, 그로 인한 나의 오지랖이 다음 세대가 살아가기에 더 나은 세상을 만들고 싶은 결이 조금 다른 욕심으로 번진다는 것을.

 어떻게 사랑이 변할 수 있느냐고? 이렇게나 값지게 변한다면 변하지 않을 이유가 있겠는가. 그러므로 사실은 애초에 질문이 잘못됐지. 차라리 이렇게 묻는 게 어떨까.

 "이 사랑의 다음 단계는 어디일까?"

2부

사랑
two

모든 이는
특별하기에

결혼을 앞둔 커플에게 웨딩 촬영은 분명 적잖은 부담일 수 있다. 하지만 대체로 설렘이 더 크게 다가온다. 그날도 그랬다. 두 사람은 둘만의 추억이 잔뜩 깃든 장소들을 촬영 장소로 골랐다. 둘은 함께 그곳을 거닐며 지난 시간을 곱씹었고, 또 한 번의 웃음을 한 겹 더 쌓아 올리고 있었다.

    렌즈 너머로 보이는 두 사람의 모습은 한없이 다정했다. 긴 촬영 시간과 쌀쌀한 날씨에도 웃음을 잃지 않았던 연인. 오히려 나의 컨디션까지 챙겨 주는 모습을 통해 먼 미래에도 여전히 서로를, 주변을 챙기고 있을 두 사람의 사랑 넘치는 여유로운 장면이 머릿속에 그려졌다. 길을 지나다 우연히 촬영 모습을 보는 행인들의 얼굴에도 흐뭇한 미소가 떠올랐다. 평화로워서 평범한 그래서 특별한 두 사람의 모습이었다.

촬영이 끝나고 두 달쯤 지났을 때, 그녀로부터 예기치 못한 연락이 왔다. 결혼 준비 과정에서 두 사람의 관계가 틀어져 결국 결혼을 하지 않게 되었다는 소식이었다. 그녀는 그날의 사진을 전달도 확인도 원치 않았고, 내 선에서 폐기해 주기를 요청하였다. 안타까웠다.

사진을 찍으며 만나는 커플로부터 일 년에 한두 번쯤은 이런 소식을 듣곤 한다. 맨 처음 이런 소식을 접했던 때에는 큰 충격을 받았지만, 점점 충격은 덜해졌다. 하지만 완전히 무뎌질 수는 없다. 그들의 특별한 순간을 눈과 마음에 담았던 이상, 두 사람이 맞잡은 미래를 응원하던 마음은 쉬이 없앨 수가 없는 것이었다.

다만 종종 들려오는 '쓴' 소식들이 꼭 불행은 아니라고 생각을 바꾸게 되었다. 모든 사랑이 영원할 수는 없다는 생각과 함께 결혼이나 관계의 지속만을 해피엔딩으로만 생각했던 내 편협함에서 깨어났달까. 그래서 처음엔 크게 놀랐지만 이제는 각자가 가는 길의 행복을 인정하게 되었다.

하지만 이 커플만큼은 조금 달랐던 것이 서로를 바라보던 말캉한 눈빛, 사소한 행동 속에 당연히 스며 있던 배려, 둘이기에 더욱 남달랐던 평온함까지 유독 오래도록 머무는 기억이었기 때문이다. 그날 내가 담아낸 장면들이 온전히 사라져 버린 것만 같아 새삼 마음이 흔들렸다.

    당연히 이별의 이유를 더 묻지는 않았지만, 행여 그때 실례를 무릅쓰고 물었던들 내 마음의 허전함이 조금 가시기나 했을까. 사랑은 결국 눈에 보이는 것이 전부가 아닌 걸까. 그 순간에도 두 사람 사이에 갈등은 이미 있었던 걸까.

    생각이 꼬리에 꼬리를 물며 괴로웠다. 하지만 이내 마음을 다잡았다. 어쩌면 그들이 함께 빛났던 순간도 각자의 자리를 찾아가는 과정의 일부일 수도 있기에. 언젠가 돌아보면 이 이별로 인해 두 사람이 각자의 '마지막 사랑'에 닿았을지도 모른다. 모를 일이다. 결혼이 사랑의 유일한 목적지라고 학습된 것도 어쩌면 협소하고 오만한 편견 아니겠는가. 그래도 결실의 문턱에서 멈춰 버린 그들의 이야기는 아쉬운 기억으로 남아 나를 괴롭혔다. 꽤 오랫동안.

    촬영 날의 공기는 매번 특별하여 오히려 평범하다.

이렇게 말할 수 있는 것은 이 커플의 일이 나로 하여금 '특별함'을 다시 생각하도록 만들었기 때문이다. 어떤 촬영이든 그들만의 특별한 분위기가 있을 수밖에 없기 마련이므로 '특별함'이 디폴트 값처럼 느껴지게 된 것이다. 그리고 그 생각은 개인이 가진 개성에 대한 전과 다른 존중으로도 확장되었다.

    사람들은 모두 평범하다. 그 모든 한 사람, 한 사람이 특별하기에.

사랑은
타임머신을 타고

저마다의 추억이 깃든 장소가 있다. 예를 들면 처음 소개팅했던 카페나 마음을 고백했던 한강 둔치, 루틴처럼 자주 산책하게 되어 애정이 깃든 공원까지. 누군가에게는 한 편의 특별한 드라마, 알콩달콩한 시트콤이 벌어졌던 그 배경들을 나는 이 일을 하지 않았더라면 결코 알 수 없었을 것이다. 그저 무심코 지나치는 풍경 중의 하나였겠지.

그래서 카메라를 들고 두 사람의 추억의 장소로 들어서면, 그 둘만의 시공간에 초대받는 듯한 기분이 든다.

그래서 누군가의 '추억의 장소'에서 사진의 기록을 남기는 일은 뿌듯하고, 잠시동안이나마 두 사람의 특별한 드라마를 미디어를 통해서가 아닌 촬영 현장에서 지켜보는 것 같아 가슴이 두근거린다.

그런데 이번에 만난 커플의 요청은 조금 특별했다.
"저희가 함께 다녔던 중학교에서 촬영하고 싶어요. 교장 선생님께 허가도 받아 두었습니다."
대학교 캠퍼스에서의 촬영은 종종 있었지만 중학교는 처음이었다. 그것도 두 사람이 함께 다닌 모교라니. 마치 20여 년 전으로 시간을 거슬러 가는 타임머신에 오른 기분이 들었다.

동시에 나의 서툴고 신나고 서글퍼서 복작였던 학창 시절도 스치듯 떠올랐다. 어설펐던 고등학교 시절 처음으로 누군가를 좋아했던 풋풋한 기억도 잠시 떠올랐다. 시험이 끝나면 고백해야지, 내년이 되면 고백해야지, 졸업할 때 고백해야지, 다짐만 하다가 결국 마음 한 번 표현하지도 못했는데. 말간 미소가 예뻤던 그녀, 잘… 지내니?

하지만 학교에 도착했을 때 마주한 풍경은 내 기억

속 낡은 교실의 잔상과는 전혀 달랐다. 삐걱거리던 나무문 대신 매끄럽게 열리는 신식 문이 있었고, 여름마다 땀내 나는 아이들을 모았던 회전 선풍기 바람 대신 시원한 에어컨 바람으로 채워져 있었다. 내가 벌써 격세지감을 느낄 나이가 되었구나 싶어지던 찰나, 새로 맞춘 교복 차림의 두 사람이 내 앞에 섰다. 서로를 지켜 주는 든든한 동반자 같은 두 사람의 모습과 달리, 두 사람의 얼굴에는 학창 시절의 장난기 어린 소년 소녀의 미소가 번졌다.

2006년 중학교 3학년 새 학기. 두 사람은 같은 반 친구로 만났다고 했다. 하지만 졸업할 때까지도 그저 '친구'였을 뿐 특별한 감정은 없었고 졸업 후에도 연락이 이어지지는 않았다. 그로부터 8~9년 후 친구들과 삼삼오오 함께하게 된 술자리에서 우연히 재회한 순간, 오래된 사진첩을 열어 사진을 한 장 꺼낸 것처럼 두 사람의 마음에 어떤 그리움이 동시에 떠올랐다.

어린 시절의 익숙했던 친구의 모습에서 완연한 어른이 된 모습을 마주하자, 설명할 수 없는 감정이 스며든 것이다. 오랜 기억 속에서 타임머신을 타고 온 두 사람 사이에는 전혀 새로운 설렘이 피어났고, 그 작은 떨림은 곧

사랑이 되어 이어졌다.

 촬영 당일 둘 사이에 그 감정이 새삼 되살아났다. 10년 넘게 함께하며 모든 것을 안다고 믿던 두 사람은 교복을 입고 교실에 앉아 카메라 앞에 있는 자신들의 모습이 간지러운 듯 킥킥댔다. 어린 소년 소녀였던 두 사람은 이런 미래를 상상이나 했겠는가. 어른의 시간으로 쌓아 온 익숙함 사이에서 다시 찾으리라 기대한 적 없는 낯설고 서툰 설렘. 두 사람이 공유한 시공간을 초월한 기억 속 서로의 모습, 어쩌면 이것이 그들만의 특별한 비밀일 것이다. 과거와 지금 그리고 함께 그려 갈 미래의 교차점에서 두 사람을 더욱 단단하게 묶어 주는 비밀스럽고 강력한 힘. 그런 의미에서 내가 촬영한 사진은 그들의 어제와 오늘 그리고 내일을 잇는 증거이자 약속이라는 생각이 들자 어깨가 으쓱해졌다.

 〈말할 수 없는 비밀(2008)〉이라는 대만 하이틴 영화 특유의 투명한 감수성이 생생한 영화가 있다. 보다 보면 풋풋하지만 진지한 낭만에 젖어 든 나머지 과잉처럼 보이는 마지막 장면에조차 어쩐지 설득당하게 되는 영화. 청춘의 기세로 꽤나 인기몰이했던 영화였다. 물론 교복을 입었다는 사실 말고는 별로 닮은 데가 없지만, 그럼에도 불구하고 두 사람과의 촬영에서는 그 영화의 장면들이 묘하게 겹쳐 보이는 순간이 있었다.

　　영화 속 두 사람은 다른 시공간이라는 신비로운 비밀이 있었다면, 이 커플에게는 지금 사랑하는 사람의 과거 학창 시절에 이미 서로가 있었다는 유쾌한 비밀 아닌 비밀이 있다. 그러니까 이것은 '말할 수 있는 비밀'이라고 해도 되지 않을까!

　　그렇게 중학교 졸업앨범 속 어느 페이지에 각각 있었던 그 소년 소녀는 이제 하나의 프레임 속에 나란히 웃고 있다.

**진짜
귀여워**

요즘 서로의 성향을 파악하기 위해 상대의 MBTI 검사 결과를 묻곤 한다. 나 역시 처음 만났을 때, 스몰토크도 할 겸 그리고 그들이 어떤 성향인지 조금이나마 먼저 파악해 보려고 종종 MBTI 유형을 물어본다. 그리고 이 질문이 단순히 상대의 성향을 유추하는 것을 넘어 그들의 마음을 열 수 있는 작은 단서가 된다는 것을 알게 되었다.

나는 MBTI 검사를 해 보면 외향과 내향, 그 경계 어디쯤 놓인 비슷비슷한 점수가 나오기 때문인지 상대나 상황에 따라 자유롭게 변신이 가능하다. 사람의 기운은 전염되는 것인지 그리고 나는 그 기운을 잘 따라가는 스타일인지. 말하자면 그렇다.

알파벳 E로 시작되는 유형은 외향적인 성향으로 알려져 있다. 그래서 파워 대문자 E 성향의 사람을 만나는 날이면, 나는 그 에너지에 금세 물들어 어쩐지 더 활발한 사람이 된다. 낯선 촬영 공간에서조차 대화가 술술 이어지고, 폭소가 연달아 터져 나온다. 그와 그녀, 나 이렇게 셋이 과열된 돌림노래 기계들처럼 웃느라 잠시 촬영이 중단되기도 한다.

하지만 내향적인 성향의 I, 그중에서도 대문자 I, 내향의 끝에 있는 커플을 만나면 이야기가 달라진다. 표현의 폭이 작고 말수가 적은 두 사람 앞에서 괜한 농담을 던지거나 억지웃음을 유도하는 건 무의미하다. 어떤 장면을 연출하려는 모든 노력이 오히려 그들에게는 불편한 공기가 되어 버린다.

그래서 나는 이러한 촬영에서 내 존재를 최대한 줄인다. 디렉팅도, 불필요한 대화도 삼가고, 그저 곁에서 그들의 호흡을 따라간다. 필요한 순간에만 조심스레 방향을 잡아 주되, 그들이 스스로 만들어 내는 분위기와 시선을 건드리지 않는 것. 그것이 오히려 가장 자연스러운 사진을 얻는 길이 된다.

예열에 시간이 걸린다는 것이 가끔 난관이긴 하지만 의외로 높은 몰입감으로 차분하게 촬영에 집중을 할 수 있다. 하, MBTI. 나를 망치러 온 나의 구원자.

지난가을 여름의 열기가 모두 빠져나가고 아침저녁으로 선선한 바람이 일던 시기에 만난 한 커플은 내 예상과는 전혀 다른 결을 보여 주었다. 두 사람 모두 전형적인 I의 내향적인 사람들이었다.

하지만 서로를 향한 깊은 배려심과 사랑이 자꾸 본체에서 삐져나왔다고 할까. 두 사람은 각각 자신을 담은 그릇은 절제되어 있었지만, 서로를 향한 시선과 애정이 자꾸 그 그릇을 넘칠 듯 일렁였던 것이다. 지켜보는 입장에서 그 모습은 꽤 귀여웠다.

촬영이 이어지던 순간, 그가 느닷없이 주머니 속에서 쭈뼛거리며 핫팩을 꺼냈다. 미리 준비해 와서 조물조물 주머니 속에서 데우기를 마친 따뜻하고 자그마한 온기를

그녀의 손에 조심스레 쥐여 주었다. 또 한 번은 차가운 바람이 불어 신부님의 머리카락이 미친 듯 흩날리기 시작하자 움직임이라곤 거의 없던 그가 자리에서 용수철처럼 튀어 오르더니 그녀의 흐트러진 머리를 매만졌다.

그 동작은 결코 연출된 것이 아니었고 내가 주문한 것도 아니었다. 그냥 습관이라 하기에도 그가 보이던 에너지 레벨을 한참 넘어서는 배려였다. 이 정도면 '그녀 한정 자동 반사 배려 모드'가 가동 중이었다고 하는 게 맞겠다. 크게 웃지도 못하고 수줍게 미소 짓는 그녀도 귀여웠지만, 예상 못한 순간마다 뚝딱거리며 과잉 진심을 드러내는 그는 더 귀여웠다.

어쩔 도리가 없는 그 귀여움을 열심히 사진에 담았다. 이미 그 시점엔 억지로 웃음을 요청할 필요도, 상황을 디렉팅할 필요도 없었다. 내향적인 두 사람이 만들어 내는 장면들이 점점 생각보다 떠들썩하고 흥겨워지기 시작했다. 기대 이상이었다. 심지어 말은 거의 오가지 않았던 촬영이었기에 그날의 촬영은 묘하게 인상적인 기억으로 남았다. 어디선가 불쑥 나온 따뜻한 핫팩의 온기, 때마침 불어 준 악당 역의 바람, 그에 맞선 내향적인 용사 그리고 쑥스러운 미소를 머금던 용사님의 공주님. 귀여웠다. 일단 귀여우면 게임 끝이란 말을 실감했다.

돌아오는 길 내내 나는 이상하게도 마음이 몽글몽글했다. 외향적인 이들의 아끼지 않는 사랑 표현은 말 그대로 바깥으로 향해 있어 눈에 번쩍번쩍 띄는 것이었다. 그런데 이 둘을 통해 내향적인 이들의 사랑 표현도 꽤 도드라질 수 있다는 것을 알게 된 것이다.

그런데 뭐라고 해야 할까, '도드라지다'의 사전적 의미를 조금 헐겁게 풀어서, 어쨌든 두고 볼수록 자꾸만 삐져나와 도드라지는 것이라고나 할까? 어차피 사랑은 주머니 속에서 꺼낸 작은 핫팩이고, 흩날린 머리카락을 정리해 주는 다정한 손길인 것은 매한가지였다. 그리고 내가 남기는 그들의 사진이란 성향도 성격도 넘어서는 귀중한 사랑의 단서를 기록하는 일이고. 그가 그녀에게서, 그녀가 그에게서 답지 않은 모습까지도 끌어내는, 보면 볼수록 눈에 띄는 사랑.

진짜 귀여워.

장난기 어린 웃음을 머금고, 강아지

차가 막히지 않아 생각보다 일찍 도착한 촬영장에서 여유롭게 주변을 살폈다. 더위가 한창 기승을 부리던 8월 초의 어느 날이었다. 자그마한 구름은 동화 속 삽화처럼 희고 몽글거렸다. 쨍쨍 들려오는 매미 소리가 이 계절이 지금 막 한창이라는 것을 일깨워 주었다.

햇살은 유난히 뜨겁고, 바닥은 금방이라도 녹아내릴 듯 열기를 품고 있었다. 그 열기를 식혀 주듯 공원의 바닥에서 솟구치는 분수는 작은 오아시스처럼 사람들을 불러 모았다. 물방울이 튀어 오르며 햇빛을 받아 반짝이는 모습은 마치 투명한 유리 조각이 흩어지는 것 같았다.

오늘의 촬영 장소가 주는 청량하고 기분 좋은 바이브에 마음이 들뜨기 시작했다. 오늘은 어떤 웃음소리를 배경으로, 어떤 미소를 프레임에 담게 되려나 싶어 두근거렸다. 심지어 이날 촬영하기로 한 커플은 이제 몇 번째인지 세지도 않을 만큼 자주 촬영해 왔던, 그래서 만날 때마다 점점 더 익숙한 반가움을 쌓아가게 된 두 사람이었다.

내가 이 일을 시작해서 얼마 되지 않았을 때, 중요한 촬영을 선뜻 나에게 맡겨 주었고, 아름답고 환한 피사체가 되어 준 둘. 나는 그때 그 첫 만남의 긴장감을 아직도 기억하고 있다. 그리고 그 이후 여러 차례 나는 두 사람을 찍었다. 크리스마스 때에도, 두 사람이 카페를 열었을 때도, 공연을 했을 때도. 그래서 이제는 서로의 근황에 대해서도 공유하고 가벼운 농담도 나눌 만큼 편안한 사이가 되었다.

우리는 이제 때가 되면 만나고 싶은, 만나야 할, 서로를 응원하는 좋은 친구가 되었다. 특히 예술 분야에서 각자의 영역이 뚜렷한 두 사람은 카메라 앞에서 자유로운 모습이 자연스럽게 나오는 커플이었다. 그래서 이번 촬영도 잔뜩 기대되었다.

'오늘, 좋은 컷들 많겠다.'

직감처럼 그런 생각이 들었다. 이 여름의 뜨거움을 기꺼이 만끽하고 분수의 물을 온몸으로 맞으며, 아이처럼 천진난만한 표정으로 뛰어다닐 두 사람의 빛나는 찰나를 또 한 번 담을 수 있으리라는 바람을 품고 두 사람을 기다리던 때였다.

익숙한 목소리가 공기를 가르며 다가왔다.

"작가님!!"

손을 흔드는 두 사람의 얼굴이 보였다. 나도 반가운 마음으로 손을 크게 흔들며 인사를 건넸다. 촬영을 시작하기 전, 우리는 벤치에 앉아 서로의 안부를 물으며 짧은 담소를 나눴다. 그런데 대화가 시작되자마자 알 수 있었다. 오늘 두 사람의 분위기가 평소와는 조금 다르다는 것을.

워낙 여러 번 커플 촬영을 해왔던 두 사람이기에 여느 때와 다른 기류를 확실히 눈치챌 수 있었다. 두 사람의 얼굴에는 못내 숨기지 못한 굳은 표정이 남아 있었고, 눈

빛 속에도 묘한 거리감이 서려 있었다.

촬영장에 도착하기 직전 두 사람은 이례적으로 크게 다투었다고 했다. 함께 운영하는 카페와 관련된 일이었다. 사소한 의견 차이로 시작된 이야기는 점점 언성을 높였고, 결국 큰 다툼으로까지 번진 것이었다. 이쯤 되니 '누가', '먼저', '더 큰' 잘못을 했는지는 의미가 없는 것 같았다. 그렇다고 내가 나설 수 있는 일도 아니었다.

'얼마나 크게 싸운 거지? 지금 두 사람이 서로 할퀴어 낸 마음의 상처에 분수 물을 뿌려도 되는 거야? 따갑겠지? 아니지, 어쩌면 분수의 물이 아직 모락모락 김이 올라오는 두 사람의 화를 식혀 줄지도 모르잖아? 그럼 럭키비키.. 아니야?'

나는 두 사람이 최대한 건조하게 상황을 설명하는 것을 들으며 말도 안 되게 엉뚱하고 희망적인 생각을 하고 있었다. 어쨌든 촬영은 촬영이니까.

"오늘만큼은 그냥 다 잊고, 이 여름을 즐겨요. 물에 흠뻑 젖고, 웃고, 그냥 지금 이 순간만 생각해요."

때마침 바닥 분수에서 물줄기들이 힘차게 솟아올랐다. 물방울이 튀어 오르며 공기를 시원하게 가르고, 바닥은 금세 젖어갔다. 두 사람은 처음 보는 어색한 표정으로 웃으며 촬영에 천천히 들어섰다. 둘은 서로에게 조금씩 물을 튕기며 장난을 치기 시작했고, 긴장으로 움츠렸던 눈빛과 입꼬리도 풀리기 시작했다. 나도 질세라 셔터를 더, 더 많이 눌렀다. 물방울 너머로 포착되는 그들의 표정이 처음보다 훨씬 부드러워지고 있었다.

별안간 그녀가 큰 소리로 외쳤다.

"야, 이 개새끼야!"

그녀는 동시에 장난스럽게 웃으며 그에게 물을 마구 끼얹었다. 놀란 그도 지지 않고 소리를 치며 맞섰다. 갑작스러운 그녀의 외침에 두 사람에 이어 나까지도 웃음이 터졌고 촬영 분위기도 반전되기 시작했다. 그 순간부터는 다툼이 아니라 비로소 화해로의 전환이었다.

펑펑 뿌려지는 물줄기와 깔깔거리는 웃음소리가 뒤섞이며 공원은 순식간에 두 사람의 놀이터로 변했다. 아이처럼 그리고 강아지처럼, 몸을 사리지 않고 물장난을 하며 뛰노는 그들의 모습은 어느새 내가 알던 익숙한 그 두 사람이 되어 있었다.

두 사람은 나름의 방식으로 서로에게 돌아가고 있

었다. 화해라고 하면 말로 풀어 나가는 차분한 방법만이 주로 떠올랐었는데, 이렇게 말 대신 몸으로 부딪치며 순식간에 웃음으로 풀어져 버리는 본능적인 화해의 방식도 있었다니!

참말로 사르르 녹아 버린 적대감. 온데간데없이 증발해 버린 한여름의 다툼.

그러니까 중요한 것은 다툼이 아니다. 그다음이다. 누구나 다투기 마련이니까. 크고 작고의 문제이지, 아예 싸우지 않는 커플은 본 적이 없다. 한껏 나를 곤두서게 했던 그 얼굴을 다시 태연히 마주하고, 격렬히 싸우는 상황에 매몰되지 않고 그 저변에 깔린 서로 아끼는 마음을 싸움의 순간에도 잊지 않는 과정을 반복하다 보면, 다름을 인정하고 상대의 마음을 신뢰하게 된다. 그렇게 관계의 힘이 길러진다.

그래서 셔터를 누를수록 속으로는 감탄이 터졌다. 날 것 그대로의 감정이 담긴 사진은 어떤 연출 장면보다도 강렬한 감흥을 일깨운다. 그날 찍힌 사진들이 바로 그랬다. 옷가지가 물에 흠뻑 젖어도, 머리카락이 엉망이 되어도, 가장 자신 있는 완벽한 미소가 아니어도. 생기 넘치는 둘의 모습은 믿을 수 없을 만큼 순수하게 행복했다. 순간을 즐기는 꾸밈없는 표정이 카메라에 온전히 담겼다.

촬영을 마치고 나서도 두 사람은 계속해서 물장난을 치고 있었다. 나는 카메라를 내리고 한참을 그들을 바라봤다. 다툼도 촬영도, 아무것도 방해할 수 없는 둘만의 무구한 차원이 있었다. 언젠가 오늘을 떠올리면 두 사람에게 있어 이날은 크게 싸운 날로 기억되지는 않을 것 같았다. 다툼은 역시 우리 사이에 끼어들지 못했지라며 흐뭇하게 미소 짓고 여름날의 햇살과 분수, 웃음소리와 젖은 발자국만을 떠올릴 것만 같았다.

나는 부러움마저 느꼈다. 서로에게 솔직하게 화를 쏟아 낼 수 있다는 것은 그만큼 단단한 관계라는 것이다. 이까짓 화는 곧 흔쾌히 풀어낼 거라는 신뢰가 그 밑에 깔려 있기 때문일테니. 화를 내고 다투는 것과 별개로, 결연한 결계 안에 안전하고 온전한 두 사람만의 영역이 있다는 것은, 상대가 건네는 화해의 서막이 어떤 식이든 받아쳐 낼 수 있는 환상적인 합도 가능케 하는 것이었다.

그래서 나의 부러움은 동시에 배움이기도 했다. 때

로는 울퉁불퉁하고, 때로는 서툴고 그러나 지체없이 서로에게 다시 돌아가는 사랑. 그게 두 사람의 관계였고 그날의 촬영이 내게 가르쳐 준 것이었다.

지금도 한 번씩 그 두 사람과 이야기를 나누면, 그날의 이야기가 단골처럼 등장한다. 그리고 이내 우리 셋은 장난기 어린 웃음을 머금고 동시에 외친다.

"야, 이 강아지야!"

오늘도
우리는 해맑게 맑음

대부분 야외 촬영을 하는 나에게 있어 날씨는 친한 친구이자 더 없는 웬수 같다. 촬영 일정이 다가올수록, 하루에도 수십 번씩 일기예보를 확인한다. 그러나 시간이 흐를수록 날씨는 점점 더 변덕스러워지고, 일기예보의 정확도도 그만큼 떨어져 간다. 수년 동안 가장 자주 느낀 것은 자연은 인간이 통제할 수 없는 영역이라는 단순한 진리였다.

그날도 그랬다. 더위가 어느 정도 물러가고, 뺨에

느껴지는 바람의 온도가 한층 시원해지는, 늦여름 자락에 이어진 가을의 초입. 하늘은 높고 화창했다. 일기예보의 '맑음'이라는 말에 한껏 홀려 나는 설레는 마음을 안고 촬영 장소로 향했다.

그런데 차창 밖 풍경이 점점 우울해지기 시작했다. '맑음'의 기운은 순식간에 '흐림'으로 전환되더니, 이내 빗방울이 창문을 두드리기 시작했다. 가랑비는 곧 폭우가 되었고, 바람도 매섭게 몰아쳤다. 다시 찾아본 일기예보는 이미 바뀌어 있었다. 어느새 앞이 보이지 않을 만큼 쏟아지는 빗줄기 속에서 나는 배신감을 느꼈다.

두 사람과의 첫인사는 괜히 어색했다. 누구의 잘못도 아닌 상황 앞에서, 우리는 그저 멋쩍은 웃음뿐 보탤 말이 생각나지 않았다. 그와 그녀는 이미 화사한 메이크업을 하고 정성스레 준비한 드레시한 의상을 입고 있었다. 나처럼 두 사람도 뽀송뽀송한 오전 날씨에 쾌재를 불렀으리라. 그래서, 그리고, 하지만, 날씨에 져 아무것도 하지 않고 돌아가기엔 너무 아쉬웠다.

우리는 어느 처마 밑에서 비가 잦아들길 바라며 잠시 이야기를 나누었다. 결혼식은 일 년 후라는 얘기에, 아직 시간이 꽤 남아 있다고 생각하던 찰나 그녀가 조심스럽게 말했다.

"작가님, 전에 찍으셨던 우중 스냅 사진을 본 적이 있는데, 참 인상적이었어요."

그 말에 용기가 난 나는 제안을 했다.

"그럼, 오늘 일단 우중 촬영을 해 보는 건 어떨까요? 결혼식까지 시간이 좀 있으니, 남은 촬영은 내년 봄, 꽃이 필 때 다시 이어가도 좋을 것 같습니다."

내심 염려도 있었다. 미리 생각해 둔 그림은 아니었으니까. 그러나 두 사람이 오히려 주저하지 않고 답했다.

"작가님만 괜찮으시면 저희는 좋아요."

그 한마디에 마음이 가벼워졌다. 이제는 주어진 조건을 탓할 필요도 없었다. 비를 거슬러(?) 아니지, 비가 오는 것을 온전히 즐기기만 하면 되는 순간이다.

"이제, 빗속으로 뛰어 들어가세요."

우산도 없이, 두 사람은 한순간의 머뭇거림도 없이 빗속으로 뛰어들었다. 그리고 불과 30초도 지나지 않아 두 사람은 흠뻑 젖은 모습이 되었다. 하지만 그 순간부터가 모든 것이 달라진 하루였다. 그 순간의 마법 속에서 비에

젖고 있다는 사실마저 잊은 듯 동화 속 주인공들처럼 웃고 내달리는 둘의 모습은 나에게 '해맑음'이라는 말을 떠올리게 했다.

그들은 '해맑게' 고인 물웅덩이를 힘껏 밟아 물을 튀기고, '해맑게' 서로를 등에 업고, '해맑게' 빗속에서 춤을 추었다. 의미는 조금 다르지만 '해가 뜬' 맑은 날과 다름없다는 듯이 빗속에서도 생생한 젊음, 파아란 청춘 그리고 물결 같은 환희가 프레임 안으로 파도처럼 밀려들었다. 카메라 셔터가 따라잡기 힘들 만큼 큰 파도였다.

촬영 말미에 찍은 사진을 카메라 액정 화면을 통해 잠깐 그들에게 보여 주었고, 사진을 본 그들의 만족스러운 미소가 나를 기쁘게 했다. 그렇게 짧고 강렬했던 촬영을 마치고 흠뻑 젖은 채 돌아가는 길엔 마음이 오히려 산뜻했다. 비 대신 나를 적신 것은 두 사람의 거리낌 없는 에너지였던 걸까. 별다른 피곤함이 느껴지지 않을 정도였다.

그날의 촬영을 통해서 얻은 것은 단순한 사진이 아니라 두 사람이 앞으로 어떤 태도로 살아갈지를 보여 주는 청사진 같았다. 당신과 함께라면 겁내지 않고 씩씩하게, 거침없이 유쾌하게. 무엇보다도 '우리'를 가로막지 않게 하려는 두 사람의 끊임없는 노력이 느껴져 마음이 뭉클해졌다. 그저 돌발적인 상황에 산뜻하고 가볍게 반응한 즉흥적인 피사체와의 촬영 완성 정도로 보일 수도 있겠으나 사실 축축한 공기와 폭우마저 의미 있는 장면이 된 것은 두 사람이 노력한 결과임이 틀림없으므로.

반년쯤 지나 벚꽃이 만개한 어느 봄날 우리는 다시 만났다.
"작가님, 잘 지내셨어요?"
그들의 인사에 나는 반가움과 동시에 먹먹함을 느꼈다. 시간이 이렇게 빨리 흐르다니. 두 사람은 그사이 신혼집으로 이사를 하고, 같은 집에서 하루를 시작하고 있었다. 이전의 우중 촬영 사진들이 주변 지인들에게 극찬받았다는 말에는, 괜히 또 어깨가 으쓱했다.
그날 두 사람과 나의 고생에 대한 보상을 받은 기분이 들었다. 그날 퍼붓는 빗줄기 속으로 주저 없이 뛰어든 두 사람의 순간을 내가 포착할 수 있었음에 새삼 또 한 번 고마운 마음이 들었다.
봄 촬영은 개나리, 벚꽃, 목련이 어우러진 화사한

풍경 속에서 이루어졌다. 풍경은 완연한 봄으로 바뀌어 있었고, 두 사람 사이의 분위기도 전보다 더 충만해져 있었다. 마지막 촬영지인 한강에 가서 서울의 야경을 배경으로 사진을 담으며, 우리는 예상보다 길게 이어진 여정을 마무리했다.

돌아보니, 예기치 못한 그날의 폭우는 오히려 선물이었다. 관계의 방향과 견고함을 가늠하는 작은 의식을 위한 장치가 되어 준 것 같다는 생각마저 들었다. 만약 두 사람이 비를 원망하고 서로에게 갈 곳 잃은 짜증을 쏟아 내며 촬영도 포기해 버렸다면 그날은 그저 그런, 씁쓸한 하루로 남았을지도 모른다. 남지 않아도 될 기억인데 너무 강렬해서 입안에 떫은맛처럼 맴도는 반갑지 않은 흔적.

하지만 두 사람은 다른 선택을 했다.

'비가 온다고? 좋아. 뭐, 어쩌겠어. 한번 해 보자.'

누군가와 함께하는 삶은 언제나 계획대로 흐르지 않고 사랑도 늘 순탄하지 않다. 여지가 없다. 예고 없이 변하고, 때로는 모든 걸 쓸어버릴 듯 몰아치는 순간도 있다. 노력과도 상관없는 일들이 얼마나 자주 우리 사이를 방해하는지, 마치 노력해도 소용없다는 듯 가뜩이나 지친 우리를 어찌나 무력하게 만드는지. 그럴 땐 '우리'의 초라한 단면이 드러난 것만 같아 서로에게 내놓았던 마음도 경직되고 만다.

그러니 그런 순간에 의연히 함께 맞서는 서로를 바라보며 웃을 수 있다는 것은 결코 사소하지 않다. 난데없는 시험에 들었을 때, 노력을 멈추지 않는 관계는 한층 더 단단해지고, 아이러니하게도 동시에 말랑말랑해진다. 대단치 않은 노력인데 어쩐지 대단히 대단하다.

살다 보면 구름 한 점 없는 하늘에 맑은 날씨를 확신하며 집을 나서는 날에도, 도중에 폭우가 쏟아지는 일이 빈번하다. 날씨뿐만이 아니다. 계획했던 길이 끊기고, 준비했던 장면이 무너져 내릴 때 우리는 당황하고, 실망하고, 포기하고 싶어진다. 그러니까 결국 그런 순간들을 어떻게 대하는지에 따라 하루, 한 달, 일 년의 모양이 달라지는 건 아닐까. 그리고 무엇보다도 내 옆에 누가 있느냐에 따라 선택은 달라진다.

나는 그 두 사람이 빗속에서 뛰어놀던 청량한 장면

을 떠올리면 속이 다 시원한 느낌이 든다. 고구마에 목이 메이듯 답답한 일상에 치인 어느 날 마신 탄산수 한 모금 같은 기억. 웅덩이를 밟아 물이 사방으로 튀던 순간, 얼굴 가득 번지던 웃음, 서로를 마주 보며 춤을 추던 장면.

그 모습 하나하나가 고차원적 비유 같았다. 처한 상황이 우리를 아무리 흔들고 적셔도 웃을 여유를 잃지 않고 함께 돌파하려는 노력을 잊지 않는다면, 그 순간이 빛날 수도 있다는 것을 보여 주는 완벽한 은유의 장면.

비록 비에 흠뻑 젖었지만, 그날은 두 사람에게 가을이 시작될 때마다 담요처럼 나눠 덮을 한 자락의 여름 기억이 될 것이다.

아, 그래서 다들 이렇게 말하는구나.

"아! 여름이었다!"

아무튼
웃겨

멀리서부터 들을 수 있었던 그 웃음소리가 두 사람으로부터 터져 나온 파장이었다니. 촬영장에 도착해 서로를 밀치며 장난을 치는 두 사람의 모습이 한눈에 들어온 순간, 나는 이미 직감했다. 오늘은 조금 다를 거라는 것을.

  대개 촬영은 약간의 긴장으로 시작되기 마련이다. 커다란 카메라가 나를 좇는 낯선 상황에서, 누구나 대부분 조금은 경직된다. 그런데 이 두 사람은 달랐다. 달라도 너무 달랐다고 할까. 그들의 웃음이 마치 촬영장의 배경음악처럼 깔리고 있었다. 오히려 내가 그 비트에 맞춰 셔터를 누르는 격이었다.

벤치에 앉은 두 사람의 모습을 첫 장면으로 담던 순간이었다. 바람이 그녀의 머리카락을 얼굴 앞으로 흩날렸다. 그는 다정하게 머리카락을 정리해 주나 싶더니 갑자기 그녀의 머리카락을 자기 코밑으로 가져가며 장난스럽게 말했다.

"수염 같다. 나랑 잘 어울리지 않아?"

그 말에 그를 돌아본 그녀가 어이가 없다는 듯 피식 웃더니, 금세 깔깔거림으로 번졌다. 나는 카메라를 들고 있었지만, 동시에 그녀처럼 피식피식 웃음이 나 어쩐지 관객이 된 듯한 기분이 들었다. 나는 사랑이 속속 새어드는 찰나를 직관하고 있었다. 서로를 놀리고 웃게 하며 그 웃음을 멈추지 않게 만드는 사랑스러움이 두 사람 사이에 끊이지 않고 반짝였다.

잠시 뒤 이번에는 두 사람에게 나란히 걸어와 달라고 부탁했더니 그가 갑자기 그녀를 피해 달리기 시작했다. 그녀는 놀란 듯 잠깐 멈춰 섰다가 또 까르르 웃음을 터뜨리며 곧장 그를 쫓았다. 달아나다가 잡히고 또 도망치고 잡혀 주며 장난치는 그 모습은 마치 어린아이들의, 무의미해서 더욱 무해한 놀이 같았다. 예상과 전혀 다르게 흘러가는 촬영임에도 불구하고 나도 내심 즐거웠다.

진중하고 조용한 커플들이 보여 주는 무게감 있는 사랑에 깊게 감명받아 이런저런 생각에 빠졌던 나를, 나비처럼 나풀거리는 설렘으로 무장해제 시키는 두 사람. 진담 반 농담 반. 농담처럼 건네는 제스처에 가득한 진실된 애정. 사실 어떤 사랑은 나이를 먹어도 잃지 않는 유치함을 담아 주는 유일한 그릇일지도 모르겠다. 그래서 어른이 되어 가며 잊고 잃었던 순수한 들뜸과 동심을 다시 꺼내게 만드는 사람을 만나면 오래도록 간직하고 싶어지는 천진한 한 그릇의 사랑이 되나 보다.

그날 유독 한 장면이 지금도 내 머릿속엔 선명하다. 길가에 핀 작은 꽃을 꺾은 그가 그 꽃을 그녀의 귀 뒤에 슬쩍 꽂아 주던 순간 그리고 천연덕스럽게 꺼낸 한 마디.

"이제 진짜 CF 찍어야겠다."

그녀는 꽃을 빼내며 발을 동동거렸다. 그를 향해 귀엽다는 듯 양 주먹을 쥐며 다시 또 깔깔깔 웃음을 터뜨렸

다. 나는 그 상콤달콤한 웃음에 맞춰 셔터를 눌렀다. 그 웃음은 그냥 표정이 아니라 그녀에게 투영된 그의 마음 그 자체였다.

꽃 한 송이도 그냥 건네지 않고 귀에 꽂아 주며 곰살맞은 말로 상대를 함박 웃게 하는 사람과 그 한마디로 빛나게 웃는 사랑스러운 사람.

새털처럼 촬영 내내 흩날리던 웃음, 하지만 그 주저 없는 타이밍은 결코 가볍지 않았다. 아마도 서로에 대한 깊은 마음에서 비롯된 것일 테다. 말하자면 장난기와 웃음기의 계속되는 릴레이 그 밑바탕에는 서로에게 느끼는 안전함과 안정감이 무언의 믿음과 함께 깔려 있는 듯 편안했다.

촬영이 끝나갈 무렵, 나는 마지막 컷을 위해 음소거된 미소를 부탁했다. 그는 일부러 진지한 표정을 지으려 애썼다. 하지만 그녀가 눈을 굴리며 "그 표정 뭐야?"라고 묻는 순간, 두 사람은 동시에 또 웃음을 터뜨렸다. 그리고 그 웃음은 사진 속에 고스란히 남았다.

그렇게 이빨이나 입안이 들여다보이지 않는 웃음을 한 장이라도 남겨 보려던 나의 노력은 물거품이 되었다. 하지만 촬영을 마치고 돌아가는 길에 문득문득 미소

짓게 되는, 여운마저 따뜻했던 날이었다. 집으로 돌아가는 차 안, 라디오 노랫소리가 내 귓가에 남은 두 사람의 웃음소리에 자꾸만 밀렸다.

자꾸 따라 웃게 되는 메아리는, 사람들이 종종 사랑을 너무 웃음기 빼고 정의하는 것은 아닌지라는 생각으로 이어졌다. 만약이라는 말이나 현실적인 조건들로 무게를 달고 증명하려 하며 지쳐 버릴 기싸움을 하다 보면 어느 순간부터는 소모적이기만 한 정의. 이날의 두 사람이 보여 준 것은 그 반대였던가? 그렇다기보다는 전혀 다른 방향으로 급커브를 틀었다.

'사랑? 뭐 그거, 일단 당신이 웃어 주면 충분하던데?' 하고 말할 법한 능청과 그 말에 맑게 함박웃음 짓는 사랑을, 그날 나는 렌즈 너머로 넘치게 목격했다. 그래서인지 두 사람의 사진을 다시 보면 깔깔거리는 웃음소리가 자동 음성 지원되는 듯하다. 머리카락 수염, 쫓고 쫓기는 술래잡기, 꽃 한 송이의 농담, 마지막 컷에서도 터져 나오던 폭소. 모든 순간이 웃음으로 이어져 있었다.

'귀여워 보이면 게임 끝'이라는 말이 있는데, 그보

다 높은 단계가 있다. 바로 상대가 '웃겨' 보이는 것이다. '아무튼.. 웃겨'라고 말하면 정말, 정말 지독하게 빠져 버린 거라고 했다.

그러니까 쉴 새 없고 하릴없이 터져 나오는 그 웃음이야말로 정말이지 사랑이 가진 또 하나의 얼굴이다. 가벼워 아무것도 아닌 양 보이지만 사실은 끝판왕인 것이다, 그 웃기다는 것이. 그래서 그 말간 웃음소리가 끝도 없이 터져 나오던 그 하루가 나의 기억 속에서도 여전히 환하고 찐하게 남아 있다.

마지막 매듭은
어떻게 지어야 하나요

사람들은 더 이상 참아 내는 것을 미덕으로 삼지 않는다. 인내는 쓰고 열매는 달다지만, 무턱대고 모든 것에 인내하며 미련을 가져야 하는 것은 아니니까. 무엇보다 '내 삶'과 '나의 행복'을 우선순위에 두는 것이 맞다고 자존감을 북돋아 자란 세대에게 있어서는 관계도 방향성을 달리하고 있다.

나 자신을 진정으로 알고 사랑하는 사람이 타인 또한 깊게 이해하고 사랑할 수 있다는 말은 와닿는다. 혼자

서도 외롭지 않아야 둘이 되어도 외롭지 않다는 말은 어떤 면에서는 가혹하지만, 내 결핍을 타인과의 관계에 기댐으로써 채우려 하지 않도록 우리를 단련시킨다.

그래서 '나'에게 먼저 그리고 더 깊이 집중하는 것이, 때로는 이기적이라고 하는 기성세대의 가치와 충돌도 있지만, 나는 그 모습이 나쁘다거나 잘못되었다는 생각은 들지 않는다. 오히려 그런 마음을 가감 없이 말할 수 있는 솔직함이 더 용기 있어 보인다.

이혼처럼 과거에는 그저 무겁고 죄라도 지은 낙인처럼 여겨졌던 선택의 결과를 바라보는 시선도 꽤 달라졌다. 언제부턴가 세대가 거듭될수록 우리가 발 딛고 있는 사회에서 과거에는 미덕이라 여겼던 가치가 빛을 잃어가는 동시에 개인주의에는 좀 더 관대한 이가 많아졌다고 생각한다.

첫사랑이 곧 끝사랑인 경우는 흔치 않다. 끝사랑이라 믿어 의심치 않았던 만남조차 결국 아무것도 아닌 사이가 되어 버리는 경우도 주변에서 봐 왔다. 그러나 그 무너져가는 과정 동안 서로를 끝까지 존중하며 담담히 이별의 마지막 순간을 마무리하는 단정한 모습에서 관계의 성숙함을 여실히 느낀 적이 있다.

그날 나는 촬영을 위해 한 신혼부부의 집을 찾았다. 결혼 3주년을 기념하며 집에서 촬영하고 싶다는 요청이었다. 예쁜 주택가 한가운데 자리한 신혼집은 빛과 초록으로 가득했다. 채광이 좋은 집이었다. 덕분에 창문마다 쏟아져 들어오는 따사로운 볕에, 싱그러운 잎사귀마다 맺힌 공기와 은은하게 번지는 풀잎 냄새가 나를 반겼다. 마치 작은 식물원에 들어선 것 같았다. 귀여운 반려견과 함께, 푸릇한 기운으로 가득한 그 공간을 나는 사랑하지 않을 수 없었다.

그들의 일상이 담긴 공간은 담백하면서도 따뜻했고, 사진작가인 나에게는 더없이 훌륭한 배경이었다. 두 사람은 나를 맞이한 순간부터 시종일관 달콤한 눈빛을 주고받았다. 아마추어답지 않게 촬영을 온전히 즐기는 모습도 인상적이었다. 촬영 초반, 카메라 앞에서 여느 사람들이 보이곤 하는 부자연스러움은 찾아볼 수 없었고, 오히려 서로를 격려하듯 바라보며 진심으로 이 시간을, 순간을 즐기고 있는 것 같았다.

나는 셔터를 누르는 동시에 그 순간들이 오롯이 이 집의 빛과 공기에 스며드는 걸 느꼈다. 사진에 찍혀 남는 것은 결국 한순간이지만 그날의 순간들은 유난히 흐르고 있었다. 단편적이지 않고 부유하듯 이어지는 자연스러움. 순간이 아닌 점진적 시간감. 나는 그런 묘하고 아름다운 기류가 사진 속에 고스란히 남아 주기를 바랐다.

촬영은 중간중간 멈췄다가 이어졌다. 우리는 커피를 마시기 위해 잠시 멈추기도 했고, 두 사람이 간간이 들려주는 첫 만남부터 연애 기간의 에피소드 그리고 결혼 생활의 이야기를 들으며 잠깐 쉬기도 했다. 밝은 분위기의 대화 속에서 나는 그들이 추억을 되짚어가는 시간에 함께 있었다.

촬영 시간은 금세 지나갔다. 다른 촬영보다 짧게 느껴질 정도였지만 아쉽지 않았다. 되려 좋은 컷들이 많을 거라는 기대에 만족감이 일었다. 그날은 일정도 더 이상 없었고, 딸아이의 하원도 아내가 하기로 한 터였다. 무엇보다 두 사람과 함께 나눈 대화, 따스한 온실 같았던 집, 강아지의 부드러웠던 털까지 촬영 자체가 너무 즐거웠다. 일로도 일상에도 별 스트레스가 없었던 선물 같은 날이었다.

그래서 내친김에 이대로 저녁까지 함께하자는 농담 섞인 제안과 일단 위스키부터 한잔하자는 진담이길 바랐던 말이 오갔을 때, 나는 마음이 흔들렸다. 집에서 혼자 아이를 볼 아내가 떠오르며 차마 입 밖으로 '그러자'라고 할 수 없었던 나는, 끝내 웃으며 거절했다.

그렇게 촬영 막바지에 둘은 옥상을 소개해 주겠다며 나를 데리고 계단을 올랐다. 서울 시내 한 자락이 한눈에 내려다보이는 곳이었다. 붉게 저무는 빛, 건물 사이로 오가는 바람결 그리고 서로에게 기대선 두 사람. 그 순간이 마치 영화의 한 장면 같아 셔터를 눌렀다.

배경음악처럼 흐르던 강아솔의 〈Dear〉라는 노래가, '영원이라 믿는 노래로 그대를' 노래한다는 반복되는 가사가 감상에 빠진 나를 한껏 간지럽혔다. 셔터 소리와 음악, 웃음과 빛이 뒤섞여 이 장면은 다른 장면으로 전환되지 않을 것만 같은 비현실적인 기분에 사진을 찍으면서도, 나는 마음 한 켠이 이상하게 뭉클했다.

생각지도 못한 옥상에서의 멋진 컷까지 챙긴 나는 뿌듯함을 안고 마지막 인사를 할 수 있었다. 집을 나서려 신발을 신고 있자 두 사람이 말했다.

"작가님, 눈이 오는 겨울날에 꼭 다시 찍고 싶어요."
"좋죠!"

우리는 현관에 서서 휴대폰 속 달력 앱을 들여다보며 곧바로 겨울 중 하루의 날짜를 잡았다. 그리고 약속했다. 그때는 오늘 마시지 못한 위스키를 같이 마시자고. 집으로 돌아오는 길, 마음이 충만했다. 우주의 기운이 도와준 듯한 촬영의 여운과 갑작스럽고 고마운 약속의 설렘, 나라는 사람을 또 필요로 해 준 그들의 진심이 뒤섞였다.

그래, 이 일을 계속해서 해 나갈 수 있게 해 준 것은 이런 마음들이었지. 나의 사진을, 내가 이끄는 장면을 있는 그대로 좋아해 주는 마음들. 여름날의 더위는 쉽사리 꺾이지 않겠지만 내 마음은 벌써 겨울을 기다리고 있었다. 추운 겨울을 누구보다 싫어하는 내게 겨울을 손꼽아 기다릴 이유가 하나 생겼다.

시간이 흘러 그에게서 뜻밖의 연락이 왔다. 목소리는 차분했다.

"작가님, 저희 각자의 길을, 따로 걷게 되어서요. 겨울 촬영은 못하게 되었습니다."

나는 잠깐 말을 잃었다가 '알겠다'고 답했다. 더 묻

지 않았다. 물을 수가 없었다. 무슨 말인들 거추장스러울 것 같았다. 어떤 위로도 어설프기만 했으리라. 침묵으로 답하는 것이 때로는 가장 큰 존중이 될 때도 있다. 찰나였지만 두 사람을 찍었던 그날의 기억이 찌릿하고 아팠다. 나는 다음 말을 기다렸다. 이렇게 멈춰 버린 관계로 마무리되는 사람들은, 특히 상대와 함께했던 시간을 지워 버리고 싶은 미움이 치밀어 오르는 심정이라면, 내 SNS 계정에 올라 있는 사진들을 내려달라고 하니까. 그런데 그날도, 이후로도 두 사람은 끝내 나에게 사진을 지워달라는 말을 하지 않았다.

"지워드릴까요?" 하고 먼저 묻는 게 예의인가 고민했지만 나도 차마 묻지 못했다. 아마도 그 사진 속 장면만큼은, 분명히 행복했던 두 사람의 흔적으로 남겨 두고 싶은 마음일지도 모른다는 생각에 침묵했다. 물론 아닐 수도 있겠지. 그럼에도 나는 그렇게 믿고 싶다.

지금도 많은 사람이 그 사진을 캡처해서 함께 보내며 "저희도 이렇게 찍고 싶어요" 하는 메시지를 보낸다. 사진 속 두 사람이 함께 있는 모습은 여전히 눈부시니까. 다만, 그 사진 속의 두 사람은 이제 더 이상 함께이지 않다는 데까지 생각이 미칠 때면 묘한 마음이 든다.

그건 정말이지 묘한 마음인데, 서글픈 동시에 이상하게 행복해지기도 하는 것이다. 지금은 함께 있지 않을 두 사람이지만, 어쩌면 내 SNS 계정에 남겨진 사진을 통해 서로의 안부를 확인하는 것은 아닌지. 버젓이 남겨진 아름다운 순간으로, 그때 시간에서 멈춰 버려 차라리 다행인 사진을 통해 우리가 함께했던 그때의 찬란함과 지금도 나를 아주 미워하지는 않는 당신의 마음과 우리의 끝이 썩 나쁘지만은 않았음을 확인하며 한 번씩 둘러보러 왔다가 잠시 앉았다 가는 자리는 아닌지.

사랑이 끝까지 가지 못하면 사랑이 아닌 게 될까. 그럼 그 끝은 과연 어디일까. 많은 이별이 낙심과 배신으로 얼룩져, 진실로 사랑했던 마음까지 오염시켜 버린다. 하지만 나의 세상과 시간의 끝까지 함께해 준 사랑이 아니라 해도, 사랑이 사랑이 아니게 되는 것은 아니다. 사랑의 진위는 내 인생의 종결점에서 메달처럼 수여하는 것이 아니니까.

잠시의 계절처럼 찾아와 마음을 물들이고 또 다른

길을 향해 떠나는 모양의 사랑도 있었다. 흘러 결국 떠나 버렸다고 해서 꼭 아름답지 않아야 할 이유도 없고. 어떤 관계의 단절은 누구의 잘못도 아니다. 다만 서로 걸어가고자 하는 길이 달라졌거나 누군가 아직은 '나'를 더 사랑해 줘야 할 사람이었을 뿐일지도 모른다.

    나는 그 두 사람의 고요하고도 단호한 선택을 존중한다. 덕분에 그들이 함께 찍힌 사진 속 진실일 수밖에 없는 미소와 두 사람의 눈빛이 아직도 많은 이들의 마음을 울린다. 나는 지금도 때때로 그 사진을 다시 열어 본다. 그러면 한 여름날의 붉고도 푸른 빛과 옥상 위의 바람, 배경으로 깔리던 노래와 함께 유유히 흐르던 사랑의 공기가 다시 한번 되살아나는 듯하다.

    그날 진짜 사랑이 있었던 그 순간이 오르골 멜로디처럼 몇 번이고 재생되도록 남겨 준, 두 사람이 사랑을 마친 방식에 감사한다.

3부

사랑
three

우연히도
화양연화

2022년 8월 서울은 기록적인 폭우에 잠겨 있었다. 도로는 순식간에 강으로 변해 급류가 흘렀고, 사람들은 차오르는 물에 허둥대며 집으로 돌아가려 애썼다. 창문을 두드리며 쏟아지던 빗방울은 어느새 거대한 벽처럼 도시를 에워쌌다. 도시 전체가 한순간에 빗물에 삼켜지고 있었다. 이례적인 큰비 때문인지 그날은 내가 살아온 시간 중에서도 유난히 또렷하게 남아 있는 하루 중 하나이다.

    장마철이면 나는 늘 촬영을 많이 잡지 않았다. 나의

작업에서는 빛이 중요하기 때문이었다. 나에겐 햇빛과 바람이 배경이라기 보다는 더없이 중요한 촬영 장치나 다름없었다. 사진을 찍히는 입장에서도 비 예보는 그리 반가운 소식이 아닌 것은 매한가지. 그래서 비 예보가 확실해지면 잡혔던 일정도 상의하에 미루고, 설령 용감하게 강행한다고 하더라도 전문 모델이 아니기에 마음을 열고 촬영에 집중하기가 쉽지 않은 일이다.

그리고 커다란 카메라를 들고 빗줄기 사이에 서 있는 건 내게도 좀처럼 익숙해지기 힘든 일이기도 했다. 하지만 두려울 만큼 퍼붓는 비를 멍하니 바라보던 그날은 좀 달랐다. 알 수 없는 충동이 나를 흔들었다.

그때 나는 친한 형의 집에 있었는데, 형수님은 실시간으로 전을 부쳐 테이블로 갖다주었고 형은 아끼던 양주 한 병을 꺼내 오던 찰나였다. 프라이팬에서 기름이 자글자글 튀는 소리와 빗방울이 거칠게 창문을 두드리는 소리가 불협화음인 듯 아닌 듯 어쩐지 잘 어울렸다. 독한 술이라 한 잔에도 술기운이 확 오르는 것이 느껴졌다. 그리고 경계심이 헐거워졌다. 나는 주저하던 말을 형과 형수님에게 꺼냈다.

"지금 이 빗속에서 촬영한다면 할 수 있겠어요?"

가벼운 취기 때문이었을까, 아니면 정말 하늘에 구멍이라도 난 듯한 난리통 폭우 때문이었을까. 형과 형수는 '엥?' 하며 순간 고개를 갸웃했지만, 이내 재미있겠다며 자리에서 일어났다. 두 사람은 지체없이 입고 있던 옷 그대로 우산 하나 없이 현관문을 나섰는데 그 뒷모습이 어쩐지 잔뜩 신이 난 장난꾸러기들 같았다.

나는 카메라를 지키기 위해 어쩔 수 없이 우산을 써야 했지만, 그들과 함께 굉장한 기세의 빗속에 섰다. 이미 까만 밤, 가로등 아래 숨돌릴 틈 없이 쏟아지는 빗줄기. 30초 만에 흠뻑 비에 젖은 둘은 누가 먼저라 할 것도 없이 서로를 바라보며 웃기 시작했다.

이후로는 내가 따로 무슨 말을 할 필요도 없었다. 강박적으로 의지하던 햇빛이 시작부터 한 조각도 없으니 차라리 마음이 편했다. 딱히 포즈도 연출도, 다른 어떤 장치도, 그러니까 카메라와 피사체 빼곤 아무것도 필요 없는 순간이었다. 우산 없이 빗속으로 나선 두 사람이 들뜬 마음으로 작은 일탈을 즐기며 빗줄기 속에서 웃었고 달렸으며 어느 순간엔 춤을 추었다.

형은 빗물을 두 팔로 받아내듯 하늘을 향해 팔을 벌렸고, 형수는 어린아이처럼 신발을 벗어 들고 물웅덩이를 첨벙거리며 뛰었다. 오래 봐 왔던 그들인데 그 순간의 두 사람은 낯설 만큼 자유로웠고, 동시에 둘에게서 느껴지는 그 해방감이 어딘가 익숙했다. 나는 문득 오래된 기억이 떠올랐다.

초등학교에 다니던 어린아이 시절, 하굣길에 갑자기 비가 쏟아졌던 날이 있었다. 우산이 없었음에도 나는 일말의 걱정 대신 잔뜩 신이 나 있었다. 나는 친구들과 함께 거리낌 없이 빗속으로 뛰어들 작정이었다. 우리는 책가방 속 교과서가 물에 퉁퉁 부어 짓이겨져 버릴 만큼 정신없이 즐겁게, 시골 강아지들처럼 빗속을 뛰어다녔다. 집에 돌아가서는 당연히 잔뜩 혼이 났다. 흠뻑 젖은 생쥐 꼴로 책가방도 신발도 질척이며 집에 들어서는 나를 엄마는 혼비백산하며 맞아 주셨다.

비를 이렇게 다 맞고 오면 어떡하니, 비가 오는데 그 비를 맞으면서 놀다 오다니, 이게 다 뭐니, 하시며. 그러나 그날에 대한 기억은 혼이 나서 가슴 먹먹한 것으로

끝맺는 기억이 전혀 아니다. 반대로 내 마음 한구석을 환하게 비추는, 어린 시절의 가슴 두근거리는 한 장면으로 남아 있다. 비에 젖어 눅진해지고 무거워진 옷, 젖은 머리카락과 눈썹에서 쉴 새 없이 얼굴로 흘러내리던 빗물, 집까지 걸어가는 동안의 축축한 흙냄새까지 겹쳐진.

어린 시절 느꼈던 경계심 없던, 짜릿했던 자유로움이 그 순간 되살아난 것이다. 먼 시간 속 접어 두었던 한 페이지가 지금 눈앞의 장면에 힘입어 다시 펼쳐지자, 나는 심장 박동이 빨라짐을 느꼈다. 내 셔터는 낯설고도 익숙한 그 흔적을 집요하게 따라갔다.

이날의 강렬한 인상과 더없이 멋진 결과물은 나로 하여금 앞으로 내가 사진을 통해 닿고 싶은 이상이나 사진작가로서의 마음가짐을 가다듬게 했다. 나중에 현상된 이미지를 처음 마주했을 때, 나는 한 번 더 놀랐다. 빗속에서 서로의 존재에 기대어 웃던 형과 형수의 모습은 감동적이기까지 했다.

'두 사람이 만나 하나가 된다'라는 숱한 청첩장에 적힌 그 문구의 뉘앙스를 마음으로 온전히 이해해 본 적이 없었던 내게, 그 사진은 충격적이었다. 이 두 사람을 그 진부한 문구만큼 더 잘 표현할 방법이 없는 것 같았다. 두 사람의 만남부터 지켜봐 온 나는 알고 있었다. 두 사람이 만나 더욱 선명해진 하나의 표정을.

빗속의 형과 형수를 찍은 사진은 해외 유명 매거진들의 SNS 계정에 스크랩되었고, 심지어 파리의 갤러리 한켠에도 전시되었다. 사진작가로서뿐만 아니라 내 인생을 통틀어 가장 기념비적인 일이었다. 그래서였는지 아내도 짧은 '나 홀로 파리행'에 선뜻 동의해 주었다. 처음 갤러리 벽에 걸린 그 사진과 마주했을 때, 나는 한참 동안 말없이 서 있었다.

그리고 이내 한쪽에 비켜서서 전시를 보러 온 관람객들이 사진 앞에 서서 얘기하고 웃는 모습을 바라보며, 말로 설명하기 힘든 감정에 젖었다. 내 어린 시절 달콤했던 순간을 떠올리게 한, 잘 안다고만 생각했던 두 사람의 가려져 있던 맨얼굴이 보여 주는 자유로움에 여기 먼 곳의 사람들도 공감하고 있음을 실감하자, 벅찬 마음의 무게에 눌려 한동안 자리를 뜰 수 없었다.

비는 늘 불편함을 준다고 생각했다. 하지만 그날 빗속에서 홀가분하게 웃던 형과 형수 그리고 카메라 너머로

울컥하던 내 마음은 그 후진 생각을 완전히 바꾸어 놓았다. 우리는 종종 계획의 틀 안에서 감동을 찾으려 애쓰지만, 인생의 가장 저릿한 장면은 불현듯 찾아오곤 한다.

돌이켜보면 완벽하게 계획하고 구상해 찍은 사진들조차 때로는 기대만큼의 울림을 남기지 못할 때가 많았다. 자주 가는 촬영 장소의 빛의 각도를 시간대별로 계산하고 구도를 치밀하게 정리하여 수십 번 셔터를 눌러 얻은 결과물은 정교하고 멋스러워도 이상하리만치 차갑게 느껴져 아쉬울 때도 있었다.

그런데 아무런 계획도 없이, 다만 그 순간의 충동과 우연에 몸을 맡긴 날의 결과물이 사람들의 마음을 이렇게나 움직이다니.

삶이라고 별반 다른가.
치밀한 계획은 삶의 유용한 지침서가 되어 주지만, 때로는 반갑지 않은 변수처럼 등장하는 우연이 삶을 빛나게도 한다. 계획의 결과물이 약속처럼 든든하다면 우연의 순간은 선물처럼 가슴을 두근거리게 한다.

그날의 사진은 나를 대표하는 작품이 되었다.

고래도
춤추게 하는

행복했던 기억을 함께 나누었던 사람들을 여전히 행복한 모습으로 다시 만난다는 것은 기분 좋은 일이다.

두 사람을 처음 만났던 때, 둘은 풋풋한 연인의 시절을 만끽하고 있었다. 서로를 바라보기만 해도 연신 웃음이 번지는 두 얼굴, 아직 서툴지만 설렘이 가득한 눈빛을 나는 사진 속에 담았다. 그 아름다운 시절을 지켜보는 내 마음도 산뜻해졌다. 그날의 촬영은 그저 '사랑하는 연인'

의 투명한 시간을 기록하면 되는 날이었다.

　　시간이 흘러 그 두 사람은 결혼을 준비하며 다시 내 앞에 섰다. 예전 싱그러운 연인의 웃음 대신, 사뭇 진지한 부부의 다짐이 새로이 표정에 자리해 있었다. 서로의 손을 꼭 잡고 마주 선 모습은, 어쩐지 긴장되어 보였다.

　　단순했던 애정의 감정이 모든 복잡함을 한데 묶는 약속으로 변해 가는 과정 동안 두 사람에게는 참 많은 일이 있었겠지. 나는 셔터를 누르다가 깨달았다. 두 사람의 사진을 찍는 것이 어쩌면 어느 한 시점의 장면을 기록하는, 담백하고 단편적인 일로 끝나지 않을 수도 있겠다는 것을. 인생의 전환점을 함께 맞이하는 두 사람의 희망 어린 동시에 조심스러운 기색이 내 기억 속 두 사람의 연인 시절 여린 웃음과 오버랩 되었다.

　　또 몇 해 뒤 그들은 뱃속의 아이와 함께 다시 나를 찾았다. 만삭의 몸을 감싼 손길에는 설렘과 두려움이 동시에 스며 있었다. 연인의 미소와 부부의 다짐은 이제 부모의 기다림으로 이어지고 있었다. 두 사람을 한 번 더 마주한 나는 반가웠지만, 사진에 그 미묘한 감정을 고스란히 담아내야 한다는 의무감을 느꼈다. 다신 없을 지금 이 순간이 잊히지 않길 바라는 마음과 또 다른 사랑의 등장에 긴장과 기대가 반씩 섞인 낯선 표정의 두 사람을 응원하는 마음도.

그리고 가장 최근 아기를 품에 안은 두 사람, 그렇게 세 사람을 비로소 마주한 자리였다. 나는 한 흐름의 여러 변주를 지켜봐 왔다는 데 전율을 느꼈다. 연인에서 부부로, 또다시 부모로, 두 사람의 사랑이 결을 달리하며 이어지고 있었다. 그 과정을 지켜볼 수 있고 기록할 수 있다는 것은, 분명 사진작가로서 누릴 수 있는 특권이지 싶었다.

그들의 집 선반 위에는 내가 찍어 준 사진들이 순서대로 놓여 있다고 했다. 연인 시절의 웃음, 웨딩드레스와 턱시도를 입은 예비부부, 배를 감싼 예비 부모. 이제는 갓 난아기를 품에 안은 모습이 그 옆에 놓일 것이었다. 시간을 통과하는 사진들이 한 공간에 놓여 있는 풍경을 상상하니 벅찬 감정이 들었다. 그들의 삶과 함께 내가 찍은 사진들이 나란히 이어지고 있다는 사실. 그것은 사진이 허락하는 특별한 틈이자 오래도록 나를 이 일에 머물게 하는 힘이기도 했다.

두 사람의 관계를 수식하는 표현이 변화하는 과정 동안 나를 여러 번 찾아와 기록을 남기는 이들을 마주하게 될 때면 이 경험이 내게도 더없이 값진 선물 같은 일이라는 것을 나는 비로소 깨닫게 되었다. 그러니까 같은 커플을 다른 시점에 다시 만난다는 건 단순히 별개의 장면을 몇 번 찍는 일이 아니다. 그건 마치 그들의 인생이 이어지는 흐름 속에 내 사진이 중요한 목격자와 같은 역할이라도 하는 것처럼 느껴지는 것이었다. 나만의 착각이라 해도 그리고 살짝 다른 이야기이긴 해도, 이렇게 쌓여가는 성취감 덕에 악천후나 상황이 어려울 때도 나는 힘을 낼 수 있다.

　　때로는 비가 쏟아져 촬영이 힘들었고, 아이가 울음을 그치지 않아 오랜 시간을 기다려야 했던 날도 있었다. 하지만 결국 그런 어려움이나 기다림조차 사진 속에서는 진솔한 삶의 풍경으로 남는다는 것을 깨닫도록 버틸 수 있게 한 원동력은 다름 아닌 나를 몇 번이고 다시 찾아준 이들과 함께 쌓아 온 뿌듯함의 몫도 클 것이다.

　　나로서는 최고의 칭찬을 받았던 것이다.

　　사랑은 시간과 함께 흐르더라. 서로에게만 머물던

연인 시절부터 시작된 시선의 변화를 따라가 보니 알 수 있었다. 부부가 되면 시선은 같은 곳을 향했다. 부모가 되니 그 시선이 한곳에 머물렀다. 고맙게도 나는 단절되지 않고 이어지며 돈독해지는 관계를 몇 번이고 마주하고 기록할 수 있었다. 그리고 그 사진의 기록이 다시 그들의 삶 속에서 오래도록 함께 살아간다니. 낭만의 극치다.

좋은 사진을 찍는다는 것은 기술의 문제가 아니었다. 그래서 나는 언제부턴가 이 일을 단순히 '직업'이라고 생각하지 않는다. 내가 삶을 바라보는 또 하나의 창이자 오래도록 붙들고 싶은 일이다.

가끔 사명감마저 느낀다면 너무 많이 간 걸까? 하지만 과연 이보다 더 뿌듯한 일이 앞으로 내 인생에 더 있을까.

나의
고영희씨

이것은 고양이에 대한 이야기이다. 나는 '영희'라는 고양이와 함께 산다. 성까지 붙여 부르면 이름하여 '고영희'. 언뜻 평범한 사람 이름 같기도 하지만, 내게는 어느 이름보다도 특별한 이름이다.

영희와의 만남은 2019년 겨울, 영하 15도의 혹독한 추위 속에서 시작됐다. 그날 나는 오랜만의 회식으로 밤늦게 귀가 중이었다. 아내의 말로는 처음 보는 고양이가 집

근처에서 어리광을 부리길래 물을 좀 떠다 주고 했더니 집까지 순순히 따라 들어왔다고 했다. 그럴 수가 있나? 숨이 하얗게 뿜어져 나올 만큼 차가운 공기 속에서 나는 설레는 마음으로 발을 재촉했다.

집에 도착해 보니, 낯선 삼색 고양이 한 마리가 팔자 좋게 온돌바닥에 몸을 지지며 누워 잠들어 있었다. 마른 몸, 윤기 없는 털. 하지만 배가 둥글게 부풀어 있었다. 아내는 이 추운 겨울에 뱃속에 새끼가 있어 보이는 앙상한 고양이가 안쓰러워 '우리집에 가서 살래?' 했더니 집까지 따라 들어왔다고 했다. 황당할 정도로 수월하게. 이런 것이 묘연인가 생각했다.

우린 고양이를 좋아하긴 했지만, 당장 고양이를 키울 생각을 하며 살았던 것은 아니었던 터였다. 그래서 덜컥 '그럼에도 불구하고'의 좋은 변명이 되어 줄, 몇 마리인지는 아직 모를 뱃속 새끼고양이들이 고마울 지경이었다. 어떻게든 출산까지는 우리가 보호해 주고, 정이 붙고, 그렇게 이 고양이는 정말 우리집 고양이가 될지도 모를 일이었다. 매력적인 시나리오였다.

다음 날 찾은 동물병원에서 접수대에서 직원이 고

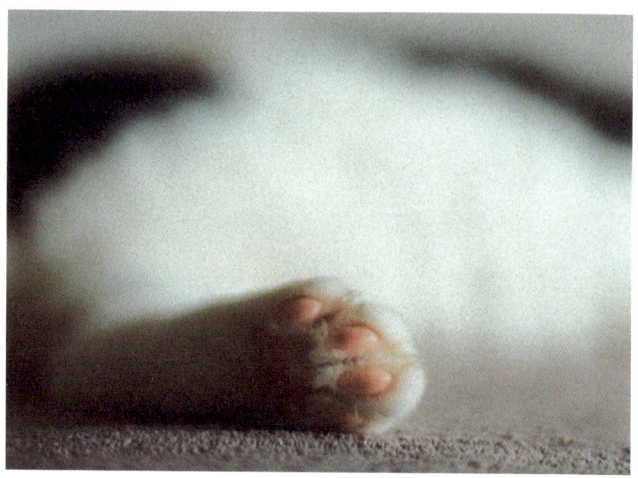

양이의 이름을 물었을 때, 아내는 돌연 "영희요, 영희. 고영희"라고 기막힌 작명을 해냈다. 그런데 수의사 선생님으로부터 고영희는 임신 상태가 아니고 그냥 전날 밥을 많이 먹은 고양이라는 말을 들었다. 우린 밖에서 잘 지내던 고양이를 꾀어 유괴한 것이었다! 심지어 길에서 꽤나 오래 생활한 흔적과는 다르게 건강 상태도 매우 양호하다고 했다. 난처한 우리 표정에 수의사 선생님은 웃으며 말씀하셨다.

"키워만 주신다면, 이 아이 입장에서는 정말 고마울 따름이죠. 가족들과 상의해 보세요."

처음엔 그저 우연이라 여겼다. 하지만 몇 걸음을 내디딜 때마다 꼬리를 살짝 흔들며 앞서거니 뒤서거니 하며 따라오던 그 작은 발이 가여웠다. 처음 보는 사람을 따르는 그 두려움보다 앞선 본능적인 결단을, 사람들은 고양이의 '간택'이라고 말한다. 마치 오래전부터 아내를 알고 있었던 듯이, 마침 그날이 드디어 왔다는 듯이, '이 사람이라면 내가 기대도 괜찮다'라는 확신이 어떻게 생겨난 걸까. 우리가 고양이를 정말로 좋아하는 사람이라는 것을 대체 넌 어떻게 알았니?

결국 우리는 얼어붙은 발을 총총이며 우리의 집으로, 우리의 삶으로 따라 들어온 그 녀석을 외면할 수 없었다. 낯선 집에 들어선 고양이가 아무렇지 않게 방 안 한쪽을 차지해 버린 그날부터, 고양이는 고영희가 되어 우리 마음 한 켠에 콕 박혀 버렸다. 불쑥 찾아온 영희는 어느덧 우리와 7년을 함께 살아왔다. 이젠 그전의 생활이 생각나지 않을 만큼 고영희는 우리 가족의 소중한 일원이 되었다.

반려동물은 인간에게 어떤 존재인지. 그들은 단순히 함께 사는 동물이 아니다. 먹이를 챙기고 배변을 정리하며 함께 시간을 보내는 일상은 단순한 돌봄을 넘어 삶을 유지할 힘이 된다. 살아 보니 반려동물과 함께하는 삶은 사람이 동물을 돌보는, 그런 일방적인 관계가 아니었다.

내게 있어 영희는 안식처이고 마음으로 낳은 자식이며, 때로는 세상의 모든 무게를 잊게 해 주는 존재다. 어떤 하루를 보냈더라도 귀가 후 문을 열면 가장 먼저 달려와 내 다리에 애정담은 박치기를 하며 온몸으로 반기는 온기 있는 생명체. 버거운 시간을 보낸 날은 더욱더 몇 마디 말보다 더 큰 위안으로 나를 껴안아 주는 존재. 사람과 사람의 관계에서는 때로 조건과 이해가 끼어들지만, 반려동물과의 관계에서는 그저 나의 존재 그 자체로 충분하다고 인정받는 것 같아 한 번씩 마음이 벅차오른다.

영희에게 계산이란 없다. 나와 아내는 우리가 영희에게 해 준 것보다 영희로부터 받은 것이 훨씬 더 많다는 데에 동의한다. 우리가 조금씩 떼어 내어 준 공간과 시간, 노력과 애정의 알량함에도 영희는 우리에게 모든 것을 아낌없이 내어 주고 기댄다. 그 단순한 동물의 순수함이 우리의 마음을 녹인다.

나는 종종 가족과 함께 그들의 반려동물을 동반 촬영한다. 그런 촬영을 가는 발걸음은 가볍고 매번 신이 난다. 인생의 중요한 장면 속에 독특한 동반자로서 반려동물의 존재는 가족이라는 범주의 경계를 편견 없이 넓혀 주는 존재다.

물론 반려동물과의 촬영은 결코 쉽지 않다. 말로 소통할 수 없으니 예측 불가능한 변수가 끊임없이 발생한다. 어떤 녀석은 낯선 사람도 너무 좋아해 카메라 앞을 떠나지 않는다. 카메라를 들고 찾아온 새로운 인물에 대한 천진난만한 반가움만이 철철 넘친다. 유독 사람에 대한 경계가 아예 없는 수준의 강아지를 보고 있노라면 이 가족의 사랑은 얼마나 풍성했기에 처음 보는 인간도 반길까 하는 생각이 든다. 나는 이 어찌할 도리 없는 환영식에 당황하곤 하지만 정작 가족들은 웃음을 터뜨린다.

어떤 아이는 낯선 상황에 마음을 열기까지 꽤 긴 시간이 걸린다. 동물 MBTI가 있다면 한없이 I에 수렴하는 성향이라고 해야 할까. 카메라 셔터 소리마저 경계하다가 본인이 신뢰해 마지않는 반려인들이 나를 경계하지 않는다는 것을 깨달으면 그들도 나에게 조금씩 가까이 다가오는데, 그 과정을 온전히 함께하는 것도 값진 경험이다.

끝내 마음을 열지 않는 일도 있다. 고양이가 특히 그렇다. 촬영이 시작되자마자 외딴 방이나 옷장 속에 몸을 숨기고, 촬영이 끝날 때까지 단 한 번도 모습을 드러내지 않았던 고양이가 있었다. 촬영 시간은 결국 지나갔고, 사람인 우리는 모여 앉아 나타나지 않은 고양이에 대한 이야기를 나누며 웃었다. 아쉬움이 없었던 것은 아니나, 결과적으로는 그 부재조차 사진으로 인해 상기되는 특별한 기억의 더 특별한 한 부분이 되었다.

겉보기에는 이 촬영이 실패처럼 보일지 모르지만

'이날 우리 쫄보 고양이는 끝끝내 옷장 속에서 우리 촬영이 끝나기만을 기다리며 숨어 있었지, 여느 때처럼. 우리 애닯게' 하며 추억으로 남을 테니. 어쩌면 그런 식으로 아이의 성격이 고스란히 드러난 그 부재가 차라리 더 큰 진솔함을 남긴 촬영이었다.

몇 번은 예측하지 못했던 순간들 덕분에 오히려 가장 순수한 장면을 포착할 수 있었다. 우당탕거리는 소란과 발소리, 도망치는 뒷모습, 소파 밑에서 슬쩍 내미는 눈빛. 그 어떤 연출력도 뛰어넘는 그들로 인해 일상의 장면 장면이 고스란히 기록되었다. 가끔은 완벽히 준비된 사람 피사체보다 우연을 기록케 하는 반려동물의 존재로 인해 사람들의 기억이 한층 풍요로워지는 것 같았다. 역시 사람이 더 많이 받는다니까.

그러나 그 무엇보다도 인상 깊은 것은 반려동물을 바라보는 가족들(사람)의 시선이다. 그 눈빛은 부드럽고 행복감과 애정으로 가득하다. 반려동물이 뛰어다니든 제멋대로 굴든 심지어 촬영을 망치든, 사람들은 관대하게 웃으며 내심 즐거워 보이기까지 한다. 언제까지나 어린아이처럼 순진무구하게만 우리 곁을 지키는 그 존재들을 향한 웃음은 결국 자연스럽게 서로를 향한다.

함께 겪은 또 다른 사랑의 형태로 인해 가족의 손길은 더 단단히 맞잡히고, 서로에 대한 이해도 더 깊어지는 걸까. 그렇다면 사랑은 아마도 '함께 지켜야 할 무언가'가 있을 때, 한 번 더 강해지는 것은 아닐까. 연인으로서의 사랑이 부부의 인연으로 이어지고, 그 사랑이 또 다른 존재를 함께 돌보는 과정으로 확장될 때, 관계는 더 단단해진다는 것을 나 또한 체득했다.

돌봄의 수고가 누군가에게는 짐일 수 있지만 기꺼이 함께 나누는 이들에게는 새로운 기쁨이 된다. 심지어 우리의 반려동물은 건강만 하다면, 더 바랄 것이 없는 존재이지 않은가. 영희와 보낸 7년 동안 이 사랑스러운 고양이는 내 삶에 잠잠히 스며든 듯하지만 동시에 참 많은 것을 바꾸어 놓았다.

그 시간 동안 나는 사랑이 무엇인지, 가족이란 무엇인지, 가족이 된 반려동물이란 어떤 존재인지 새삼 다른 시각으로 바라보게 되었다. 딸아이를 키우는 것과는 다른 결의 행복감과 너무나 빠르게 흐르는 영희의 시간에 대한

무력감이 교차할 때면, 나는 그저 영희를 쓰다듬고 영희를 들여다본다.

영희가 처음 집에 들어와 자리 잡던 순간을 떠올리면 여전히 어처구니없이 웃기다. 나와 내 아내의 선택 같았지만 사실 그건 영희의 선택이었다. 그 대담함 속에 숨어 있던 이유 모를 대단한 신뢰가 지금의 우리를 만들었다. 영희의 뻔뻔한 용기를 생각하면 어쩐지 아내는 몸 둘 바를 모르겠다고 했다. 앞으로도 수많은 날을, 하지만 유한하고 길지만은 않은 시간을 우리는 함께할 것이다. 언젠가 다가올 이별의 순간에 아쉽고 미안하지 않게, 그때까지 우리는 영희를 돌보고 영희와 함께 살아가며 영희의 당돌한 사랑을 배우면서 하루하루를 채워가겠지.

올해도 우리 가족의 사진에는 체념한 표정으로 마지못해 안겨 있는 고영희가 함께 찍혀 있다. 가볍고 말랑한 몸을 축 늘어뜨리고 불만스럽게 냐앙 하는, 너무나도 고영희다운 모습으로.

역시 사랑의 순간은 거창한 선언 하에만 있지 않다. 대단치도 않아서 소중하게 끌어안게 되는 작은 조각들에 전부 스몄다. 너의 작은 사료 그릇을 매일 뽀독뽀독 닦아

채우고, 너의 물그릇에 투명하고 맑은 물만 담는 아침. 야옹야옹 고양이식 말을 걸면서 나를 향해 도도도 달려올 때 너의 눈빛 속에 있다.

　우리는 오늘도 영희와 함께 살고, 그 속에서 사랑을 배운다. 이것은, 모든 이들의 '고영희'에게 바치는 이야기이다.

베스트
프렌드

5월의 어느 날 희뿌연 박무 속에서 두 사람을 만났다. 흐린 날씨와 두 사람의 맑은 표정이 새삼 대비되었다. 장미가 만개했던 시기인 만큼 장미가 가득한 촬영을 희망했던 두 사람. 발랄하고 활기찼던 그녀와 소나무같이 우직하고 담백한 그와의 만남은 참으로 평온했다.

    마치 둘에게는 사람을 편안하게 해 주는 재주가 있는 것 같았다. 사진작가를 하면서 경험치가 쌓여도 좋은 사진을 찍고 싶은 마음에 늘상 긴장되기 마련인데, 두 사람 덕분에 되레 내가 긴장을 풀 수 있었다. 미세먼지도 주의 수준, 때로는 돌풍도 부는 궂은 날씨였지만, 촬영의 모든 순간마다 웃음으로 일관하는 두 사람을 보면서 둘이 어떤 연애를 해 왔고 서로를 어떤 마음으로 대해 왔을지 조금은 짐작할 수 있었다. 무려 7년의 세월이라고 했다.

긴 촬영을 진행하며 그리고 개인적인 친분으로 그의 자세한 이야기를 먼저 들을 수 있었다. 그의 전 연애는 참 매웠다. 중국 유학 시절 내내 4년을 이어졌던 연애가 군대 문제로 끝날 거라고는 생각조차 못했다고 했다. 어린 나이에 타지에서 의지하며 서로가 세상의 전부라고 생각했지만, 귀국 후 새로운 환경에서 각자의 시간을 가지게 되면서 틈이 생겼다.

결국 이별이라는 관계의 종지부를 찍는 동시에, 아직 어린 25살 도망치듯 입대한 군에서는 어리지 않았고 그 때문에 더 혹독했다. 헤어지면서 전 여자친구는 이렇게 말했다.

"이후에 우리가 여전히 서로에 대한 감정이 남아 있다면 20○○년 ○월 ○일 7시에 남산 서울 타워에서 보자."

터무니없는 소리. 치기 어린 마음에 그녀가 미웠고 절대 가지 않으리라 생각했다. 하지만 마음 먹은 대로 감정은 흘러가지 않았다. 약속의 그날 '혹시', '어쩌면'이라는 생각과 실낱같은 희망을 품고 그는 남산행 버스를 탔다. 가는 내내 떨리는 마음을 주체할 수 없었다고 했다. 돌고 돌아 만나는 인연이었던 걸까 하는 생각이 들었다고.

하지만 그렇게 도착한 남산은 유독 고요했다. 그날의 야경은 오랜 시간 잊히지 않는 쓸쓸한 풍경이었다고 했다. 시간을 잊고 하염없이 기다리다 무심코 시계를 보니 약속한 시각은 한참 지나 있었고, 비로소 그 약속은 온전히 자신에게만 의미 있었음을 깨닫게 되었다.

그는 그 길로 바로 친구를 불러내어 술을 진탕 먹었고, 친구에게 부끄러운 줄도 모르고 눈물을 보였다. 그리고 숙취 때문인지, 비참함 때문이었는지 이틀을 내리 앓았다. 꽤 오래 그 상실감과 허무감에 허덕이던 중 이렇게는 안 되겠다는 마음이 들었던 어느 날부터 그는 새로운 인연을 찾고자 닥치는 대로 소개팅을 하고 다녔다.

지속되는 소개팅에도 점점 지쳐 가고 '내가 지금 뭐 하는 짓인가'라는 생각까지 하게 되면서, 이번 생에는 마음에 맞는 인연을 찾기가 어렵겠다는 생각에까지 미치며 허무감에 빠져 들던 그 무렵이었다. 그날 역시 큰 기대 없이 소개팅 장소에 나가 상대를 기다렸다. 퇴근 후 강남의 한 레스토랑 앞에서 상대를 기다리고 있는데, 골목 저쪽에서 노랑 단발머리에 하늘색 원피스를 입고 하얀 구두를 신은 그녀가, 지금의 그녀가 걸어오는 것을 보았다.

그는 그녀에게 첫눈에 반했다. 살면서 처음 느껴 보는 감정이었다고 회상했다. 그때까지 그에게 있어 첫눈에 반한다는 말은 영화나 드라마의 픽션에서나 일어나는 일이었다고 했다. 그 소개팅이 어떻게 지나갔는지 기억이 잘 나지 않을 만큼 그는 그녀에게 정신없이 빠져 들었다.

남자답게 리드하는 모습을 보이지 못하는 것 같아 그 순간조차도 후회가 밀려들었다. 그래서 그는 그저 그녀가 하는 말을 경청하고 공감해 주었다. 호감을 사기 위해서가 아니라 저절로 그렇게 되었다. 나중 얘기지만, 그녀는 그런 그의 모습에 마음이 열렸다고 했다.

소개팅 이후에는 매일 그녀를 보러 갔다. '저녁은 먹을 테니까 가면 만날 수 있겠지'라는 막연한 마음으로 퇴근하면 매일같이 연락했다. 지금 생각해 보면 어찌 그런

무모한 용기가 생겼는지 의문이라며 그는 겸연쩍게 웃었다. 물론 정작 찾아가서도 대단한 말주변도, 위트도 없었던 그는 그저 묵묵히 그녀의 이야기를 온 마음을 다해 듣고 또 들었다. 그런데 그런 모습이 퍽이나 그녀의 마음에 들었던 모양인지 두 사람은 머지않아 연인이 되었다.

 그가 두 사람의 첫 만남을 회상하며 건넨 이야기에 이어 그녀도 입을 열었다. 그를 만나기 전 그녀에게는 기억에 남는, 애틋하고 미련 남는 관계는 딱히 없었다고 했다. 왜 늘 연애가 실패로 끝나는지 이유도 짐작조차 할 수 없었다고. 왜냐하면 그녀는 나름 매 순간 최선을 다했다고 생각했기 때문이었다.
 그럼에도 불구하고 그녀의 연애는 대부분 이랬다. 시간이 흐르며 상대방이 그녀의 기준에서는 도저히 용납할 수 없는 행동을 하거나 큰 실수를 하곤 했다. 그런 모습에 그녀의 상대에 대한 애정은 쉽게 식어 버린 것이었다.
 그렇고 그런, 결국 별다를 것 없이 끝나버리곤 하는 관계에 지쳐, 연애를 쉬던 시기에 그녀는 회사에서 만난 언니들과 이곳저곳 많이 놀러 다녔었다. 연애 없이도 인생은 행복했고, 인생의 전환점이 필요하다고 느낀 즈음에는 유학을 결심했다. 부모님께 외국인 사위 들일 준비를 하라는 말을 농담처럼 건넸지만, 진짜로 20대 후반에는 국경을 초월한 사랑을 하고 있을지도 모른다는 생각을 막연히 했다고 했다.

유학을 위해 영어학원을 다니며 어학 공부를 하던 중에 친한 친구가 소개팅을 하라고 했다. 크게 내키지는 않았지만, 소개팅을 주선한 친구가 정말 가까운 친구였기에 그녀는 소개팅을 하기로 결심했다. 소개팅 장소 근처에서 헤매던 도중에 가게 앞에 나와 있는 사람을 발견했다. 가게 앞에 선, 키가 크고 마른, 날카롭게 생긴 그 사람이 설마 소개팅 상대라고 생각지 못했다. 그녀의 이상형은 예전부터 푸근하고 선한 인상이었다. '곰돌이 푸' 같은 느낌의 남자랄까. 그래서 그동안의 이상형과는 아예 정반대의 스타일인 그가 소개팅 상대라는 것을 알고, '나랑은 안 될 인연이구나'라는 마음이 들었다. 밥이나 맛있게 먹고 이야기나 좀 나누다 가자고 생각했다.

역시나 소개팅은 별 감흥이 없었다. 더 만나 볼 생각이 안 들었다. 그런데 주선자인 그녀의 리얼 베스트 프렌드는 그가 정말 괜찮은 사람이니까 꼭 한 번만 더 만나 보라고 부탁처럼 말을 했다. 그녀는 '괜찮은 사람'이라는 말에 세뇌라도 당한 것처럼 두 번째 만남을 가졌다. 대화 내내, 그는 계속 그녀의 말을 들어주고만 있었다. 그런데 어쩐지 잘 들어주는 사람과 있으니 오히려 대화가 즐거웠다. 다음 만남이 기대될 정도로.

그리고 만나면 만날수록 그는 정말 '괜찮은 사람'이었다. 그러다 보니 예정된 캐나다 유학 이야기도 꺼내게 되었는데 그는 일 초의 망설임도 없이, 본인도 유학 생활을 해 봤기 때문에 1~2년은 기다릴 수 있다고 말했다. 그냥 그녀를 그 순간 붙잡기 위해서 하는 말이 아니라 진심으로 하는 말임이 느껴졌다. 날카롭고 깐깐해 보였던 첫인상과는 달리 그는 넓고 따뜻한 사람이었다. 만난 지 얼마 되지 않았을 때, 그의 담백한 고백으로 두 사람은 연인이 되었다.

두 사람은 연애부터 신혼까지 총 8년이 넘는 시간 동안 단 한 번도 싸운 적이 없다고 했다. 그게 가능한가 싶었는데, 두 사람이 같이 있는 모습을 보니 그랬겠다 하고 수긍이 되었다. 사랑스럽고 애교 많은 그녀와 그런 그녀를 흐뭇하게 바라보는 그는 다르기에 꼭 들어맞는 블록처럼 보였다.

물론 갈등은 몇 번 있었다. 그는 지속되는 야근과 높은 업무 강도, 잦은 출장에 지칠 대로 지쳐 회사에서 도망치고 싶었고, 전부터 꿈꿨던 의류 사업에 도전하고 싶었다. 직면해 있는 괴로운 상황을 일단 벗어나고 싶었던 마음이 큰 나머지 그는 그녀에게 상의 한마디 없이 퇴사를 하고 이후에 사실을 알렸다.

이 일로 그녀는 처음으로 큰 서운함을 느꼈다. '이 사람, 앞으로의 본인 인생에서 나는 없는 건가?', '사업은 싫다고 했는데 굳이 사업을?' 심지어는 '이거 혹시 몰래카메라인가?' 라는 생각이 들 정도로 그녀는 어안이 벙벙했다.

그러나 또 한편으로는 결혼한 사이도 아니었고, 그의 인생인데 뭐라고 더 말할 수도 없어 답답한 마음을 안고 서운한 채로 한동안 지냈다고 했다. 그래도 사랑하는 마음이 더 컸던 걸까. 사업에 실패하고 백수로 시간을 보내던 그를 그녀는 물심양면 도와주며 응원해 줬다.

또 한 번의 갈등은 그가 결혼을 결심하고 준비하던 중 투자 실패를 고백했을 때였다. 또 한 번 충격을 받게 된 그녀는 이번에는 파혼까지 잠깐 생각했다고. 금전적인 이슈 자체가 문제가 아니었다. 다만 이렇게 큰일을 사후에 통보하는 면이 고민스러웠다. 하지만 잘해 보려고 한 투자였다는 것을, 또 연애를 하면서 단 한 번도 거짓말을 한 적이 없는 사람이었기에 그녀는 그를 이해해 보고자 했다. 덕분인지, 결혼 후 경제권은 오로지 그녀가 쥐고 있다. 그리고 그런 갈등을 겪고도, 그저 당연하게 '결혼은 이 사람이랑 해야겠다'라는 생각이 들었다고 했다.

커플들과 이야기하다 보면 결혼을 결심하게 되는 특정한 계기가 있기도 하지만, 때로는 물 흐르듯 자연스럽게 서로를 결혼 상대로 받아들이는 경우도 심심찮게 있었다. 이 두 사람이 딱 그랬다. 결혼은 당연히 지금의 상대와 해야 행복할 것 같다는 마음이 두 사람에게 동시에 들었다. 내가 어떠한 모습이어도 나를 좋아해 주고 기다려 줄 수 있는 상대, 상대의 상황을 넘어 내가 믿고 사랑하지 않을 수 없는 그 사람. 서로가 서로를 그렇게 생각했다.

그래서 주변에서 '결혼은 언제 할 거냐?' 하고 물어

보면, 정확한 시기를 말하지는 못했지만 무조건 서로와 할 거라고 누차 말했던 두 사람은 끝내 그 약속을 지켰다. 7년의 연애 그리고 결혼 1년 차. 단순히 오래 연애했기 때문이 아니라 '바로 당신'이라서 결혼했다고. 결국 남은 것도 좋은 추억밖에 없다던 두 사람은 여전히 서로를 사랑으로 바라보았다.

촬영이 끝나고는 연신 고마움을 전하는 두 사람에게 오히려 감사했던 하루였다. 앞으로의 결혼 생활에도 지금처럼 서로를 배려하며 행복한 나날을 보냈으면 하는 마음은 당연히 그럴 것이라는 확신에 가까웠다. 그녀는 참 이해심이 넓은 사람, 그는 정말 좋은 사람. 서로가 서로를 특히 그녀가 그를 알아봤음에 왠지 뿌듯함에 고마운 마음까지 더해졌다.

사실 그는 정말 좋은 사람이라는 것을 나는 잘 알고 있다. 왜냐하면 그는 나의 '베스트 프렌드'니까.

사진을
찍고 찍히며

2월의 시린 겨울 토요일 오후 6시께. 영하의 기온, 바람이 쌩쌩 부는 드물게도 추운 날이었다. 진눈깨비인지 비인지 애매한 것까지 가끔 내리던 그날, 나는 앳된 얼굴의 두 사람을 만났다. 젊은 청춘들이었다. 좋아하는 일을 함께하고 있다는 두 청춘은 멋져 보이기도 했고, 내심 조금 부러운 마음이 들기도 했다. 그들은 평소에 나와 SNS로 소통하던 사진작가 커플이었다. 우리는 알게 모르게 SNS를 통해 서로의 삶의 형태를 어느 정도는 알았고, 동시에 아는 사이라고 하기엔 상당 부분 가려진 관계에 있었다. 게다가 같은 업계의 현업 사진작가를 촬영하는 것 자체가 나를 긴장시켰다. 내 밑천이 다 드러나면 어쩌나 싶어 걱정이 앞섰다.

우리는 서울 시티투어 이층 버스에서 촬영을 시작했다. 바람은 정말 매섭고 빗방울까지 떨어지는 날씨에 이층 버스, 지붕이 없는 2층에는 당연히 우리 세 사람뿐이었다. 한 겨울날 차림으로는 얇은, 화사한 드레스를 입은 그녀에게 고생스러운 촬영 조건이었다. 하지만 두 사람은 특유의 발랄함과 에너지로 악천후도, 악조건도 모두 즐겨 주었다. 오히려 더 잘해 내지 못해 미안하다는 말까지 하며.

촬영이 끝나고 몸을 녹일 겸 들어간 카페에서 우리 셋은 시간 가는 줄 모르고 사진 이야기를 했다. 아무래도 셋 다 혼자 일하는 프리랜서이기에 대화를 나눌 상대에 대한 목마름 때문이었는지 모르겠으나 오랜만에 신나게 그리고 편하게 수다를 떨었다. 두 사람은 연인이라 왕왕 사진 이야기를 나누지만 새로운 작가와의 만남은 신선하다고 했다. 서로를 향해 장난스레 까르르 웃으며 대화하는 두 사람의 첫 만남이 문득 궁금했다. 그래서 자연스럽게 사진 이야기에서 두 사람의 이야기로 넘어갔다.

회사에 다니며 무료한 삶을 살던 그녀에게 '사진'은 큰 행복이었다며 그녀가 말문을 열었다. 전업 사진작가가 되기로 결심을 하면서 인스타그램이라는 SNS로 열심히 활동하던 중 서로 팔로우하던 어떤 작가의 스토리를 우연히 보게 되었다. 그였다.

그가 올린 사진은 너무나 귀여운 그의 반려 고양이의 사진이었고, 스토리에 대한 답장으로 '사랑스럽다'라고 보낸 것이 그에게 닿은 그녀의 첫 한마디였다. 그 이후로는 서로의 사진이나 스토리를 보며 디엠을 주고받는 편안한 사이가 되었다. 그런데 주로 고양이 이야기를, 아니 주구장창 고양이에 대한 이야기만 오갔다고 했다.

그렇게 첫 메시지 이후 서너 달쯤이 흘렀을까, 그는 그녀에게 사진 촬영을 의뢰했다. 고양이들과 함께하는 생일 기념 스냅 사진 요청이었다. 막 일을 시작했던 그녀에게 같은 사진작가인 그의 부탁은 적잖은 부담감을 동반했고, 거절해야 하나 생각도 들었다고 했다. 그럼에도 이렇게나 사랑스러운 반려묘와의 사진이라니! 기필코 커리어에 도움이 될 거라는 생각이 부담감을 밀어냈고, 심사숙고 끝에 그녀는 촬영을 진행하기로 결심했다. 촬영 당일, 그가 사는 인천은 차 없이 서울에 사는 그녀에게는 먼 곳임을 알고 있었기에 그는 그녀를 데리러 갔다.

그를 처음 만났던 그날이 아직도 선명하다고 그녀는 그날의 기억을 꿈꾸듯 떠올리며 말을 이었다.

"햇살이 쨍했던 날이었어요, 이 사람이 우리집 뒷길에 차를 세웠고, 전 편의점에서 산 음료수를 들고 차로 뛰어갔죠. 운전석에서 내려 나를 보며 꾸벅 인사를 하던 그는 정말 서글서글한 인상의 사람이더라구요."

한순간 그녀의 어색했던 감정은 누그러졌다. 장난스럽고 털털한 그의 성격 탓에 처음 만나는 사이인데도 가는 내내 즐거웠던 기억이 난다고 했다. 특히 사진에 찍힌다고 어설프게 비비크림을 바른 모습이 조금 귀여웠다. 하, 귀여우면 끝난 건데.

촬영은 편안하고 즐겁게, 다행히 어색하지 않게 진행되었다. 그리고 그는 결과물을, 그녀의 사진을 진심으로 좋아해 주었다. 그녀가 나중에 알게 된 사실인데, 그는 처음 그녀를 마주한 순간부터 이미 촬영은 안중에도 없었고 그녀에게 온통 마음을 빼앗겼던 거라고 했다. 그래서 그녀가 그의 마음을 알아채기까지 그리 오랜 시간이 필요하지 않았다. 촬영일 이후 그는 적극적으로 연락을 해 왔고 '나를 좋아하나?'라는 생각이 들 만큼 누가 봐도 좋아하는 사람에게나 할 법한 질문을 해댔다.

평소에 돌려 말하는 성격이 아니었던 그녀는 직접적으로 그의 마음을 물어보았다. 역시는 역시였다. 그러나 그 당시의 그녀는 '그'라는 사람 자체는 좋았으나, 당장 누구를 만날 생각도 여유도 없었다. 아니, 이상하게 들리겠지만 별생각이 없었던 것 같기도 하다고 그녀는 덧붙였다.

그런데 그는 괜찮다며, 본인과 만나면 많이 웃고 재미있지 않냐며 편하게 열 번만 만나보라고 제안을 했다. 진부한 멘트라고 생각하면서도, 그녀는 속는 셈 치고 열 번 찍히는 나무가 되어 보기로 했다. 지금 생각해 보면 그는 최선을 다해 아무렇지 않은 척하며 그녀를 붙잡은 것이지만, 쾌남 그 자체였던 그의 대답에 그녀는 그가 진짜 괜찮구나 생각했다고. 그는 유려한 감정 표현이 어색한, 그래서 솔직함이 더욱 돋보이는 사람이었다.

초반에 그는 그녀와 눈도 못 마주쳤다. 수염 가득한 서른두 살의 남자가 눈도 하나 못 맞추고 뚝딱거리는 게 귀여웠다. 또 귀엽단 생각을 했다니. 투 아웃. 게다가 그는 알수록 삶에 성실하고, 본인의 꿈을 위해 노력하는, 순수하고 투명한 사람이라는 것을 그녀는 느꼈다. 무엇보다도 허세가 없는 점이 참 멋있었다. 열 번쯤 만났을 때, 신기하게도 그녀는 마음이 열렸다.

그녀는 몇 개의 '만약'에 대한 가정을 늘어놓았다. 그녀가 만약 사진을 찍지 않고 계속 회사에 다녔더라면, 만약 그가 고양이를 키우지 않았더라면, 만약 그녀와 그가 빙빙 돌려서만 말하는 사람들이었더라면 등 이런저런 상상을 꺼내 말하다가 그의 얼굴을 보며 새삼스럽게 웃었다.

그는 고향 완도에서 올라와 열심히 사진작가로 활동을 하고 있었다. 당시 그의 현생은 너무 바빴다고 했다. 아침부터 밤까지 일을 했고 지친 몸을 이끌고 집으로 돌아오면 그를 반겨 주는 고양이들과의 시간이 유일한 낙이였다. 그 외에는 별다른 일 없이 쳇바퀴를 빙글빙글 굴리듯 흘려보내는 성실하지만, 무료한 나날의 연속이었다. 인스타그램에서 활동하는 다른 사진작가들과의 소통마저도 그를 옭아맨 의무처럼 느껴질 만큼 그는 지쳐 있었다.

그러던 중 눈에 띄는 작가를 발견했다. 사진이 참 좋았다. 본인도 사진 찍는 일을 하고 있지만, 이 사람의 피사체가 되어 보고 싶다는 생각이 들었다고 했다. 무엇보다 스토리에 이따금씩 올리는 그의 고양이들을 사랑스럽다며 좋아해 주었기에 알 수 없는 호의가 피어났다. 그는 SNS를 통해 그녀와 몇 번의 디엠만을 주고받았을 뿐이지만, 왠지 모르게 실제로 만나서도 편하게 얘기할 수 있을 것 같은 예감이 들었다. 그녀를 만나기 전까지는.

촬영을 약속한 날 운전을 하지 않는다는 그녀를 서울에서 인천까지 부르는 게 너무 미안한 마음이 들었던 터라 그는 그녀를 데리러 갔다. 음료수를 들고 그의 차로 오는 그녀를 보고 인사까지는 어떻게 했는데, 이때부터 문제가 생겼다고 했다. 그녀는 그냥 작가가 아니었다. 미녀 작가였다. 미녀가 밝게 웃으며 인사하는 모습에 그는 고장이라도 난 듯 버벅거리기 시작했다. 서울에서 인천까지 어떻게 운전을 했는지, 어떤 대화를 나눴는지, 고양이들과 촬영은 어떻게 했는지 전혀 기억이 나지 않을 정도였다.

촬영을 마치고 사진을 받고 나자 그는 그녀와의 관계에서 한 단위가 마무리된다는 조바심 때문에 다음으로 이어갈 방법을 모색해야 했다. 그는 반나절 동안 그녀와 만났던 그날, 무슨 이야기를 했는지 찬찬히 곱씹어 보았다. 그래, 그녀는 운전 연습이 필요하다고 했다. 그는 다짜고짜 '운전 연습을 도와 드릴게요!'라고 메시지를 보냈다. 그리고 바로 후회했다. 빨리 연락을 해야겠다는 생각으로 급히 보낸 메시지에는 감동도 없고 재미는 더 없고 심지어 너무 뜬금없었다.

  그런데 그 제안을 그녀가 흔쾌히 수락했다. 그래서 여러 가지 빌미를 만들며 서너 번쯤 만났을 때, 그는 썸이라 생각하고 고백을 했으나 보란 듯이 차였다. 착각이었다. 하지만 포기할 생각은 없었다. 부담 없이 열 번만 만나 보라고 쿨한 척(근데 이제와 생각해 보면 사시나무처럼 떨면서) 제안했다.

  그리고 그녀가 그 제안을 또 수락했다. 그래서 그는 정말 최선을 다했다. 나라는 사람이 어떤 사람인지, 어떤 생각을 가지고 어떤 미래를 그리는지 말해 주면서, 자신이 정말 괜찮은 사람임을 보여 주고 싶었다.

  하지만 실상은 남자다운 모습은커녕 그녀의 눈 한 번 쳐다보는 것마저 쑥스러웠다. 그러는 사이 어느새 약속했던 열 번의 만남을 다 채웠고, 어떻게 말을 꺼내야 할까 고민하던 그때, 그녀가 먼저 '우리 만나 볼까요?'라고 말해 주었다. 심장이 터질 것 같았다. 내가 직접 말하는 것이 아니라 그녀의 말을 듣는 중임에도 심장 소리가 그녀에게 들릴 정도로 요란하게 쿵쾅거렸다.

그는 그날의 떨림은 아직도 잊을 수가 없다고 말하더니 왼쪽 가슴에 손을 올렸다. 살면서 그렇게 기쁨이라는 감정을 온전히 느껴 본 적이 없다는 생각은 지금도 변함없다는 말과 함께.

그는 낙관주의자, 대문자 P 그리고 그녀는 비관주의자, 대문자 J라고 했다. 삶의 방식이나 추구하는 가치, 철학적인 이야기들, 답이 정해져 있지 않은 것들을 찾아가는 대화와 그러한 대화 속에서 얻어지는 서로 다른 식견들을 나누고 생각을 정립해 나가는 것을 좋아하는 관념적인 그녀와 달리 그는 좀 더 단순하고 담백한 사람이었다.

그래서 그녀는 때로 공허하거나 외롭다고도 느꼈다. 그녀 기준의 유의미한 대화가 없음에 불안함을 느꼈던 그녀와는 반대로 그는 그녀가 늘 걱정이나 불안을 안고 산다고 생각했다. 그는 그래서 때로는 무엇을 잘못했는지 모르지만, 어쩔 수 없이 사과를 하고 넘어가는 일도 있었다고 한다.

하지만 두 사람은 서로가 달랐기 때문에 더욱 성숙하게 대처할 수 있는 기회가 있었던 것 같다는 말도 덧붙였다. 지금은 실용적인 얘기를 많이 하게 되었다며 특히 사진 작업이라는 공동의 추구점에 있어 현실적 고민을 나눌 서로가 있어 좋다고 했다.

둘은 그 어떤 연인보다도 시간을 밀도 있게 함께 쌓아 온 것처럼 보였다. 이제는 서로 다른 성향에 기인한 불확실성보다 서로가 가진 장점에 대한 확신이 더 커졌다며 서로를 보고 배시시 웃는 두 사람의 모습에, 나는 어쩐지 아빠 같은 마음으로 웃고 있었다.

이 촬영을 인연으로 두 사람과는 일 년에 한두 번 정도 오프라인에서 만나 사진 이야기도 하고, 사는 이야기도 나누곤 한다. 결혼을 앞둔 두 사람에게 이런저런 조언을 하기도 했지만, 이제는 내 설익은 조언 같은 것들은 별로 필요 없어진 것 같다.

낙관만 하던 그가 미래에 대해서 구체적으로 계획

을 하고, 불안이 앞섰던 그녀도 그와 함께라면 다가올 내일에 걱정 없이 뛰어들 준비가 되었으니.

끝사랑이 될 줄은 몰랐지,
이 풋풋한 첫사랑이

그녀는 대학 입학 전에는 누군가와 연애를 한다는 것 자체를 생각해 본 적이 없다. 어린 마음에 며칠 가량 사귄 친구는 있었지만, 연애라고 하기에는 소꿉장난 정도였으니까. 그래서 대학교 입학이 결정되고 오티(OT)에 참석한 그녀의 마음은 설렘과 기대로 가득 찼다.

평소 아이돌을 좋아했던 그녀의 눈은 한껏 높아진 상태였고, 꽃미남을 찾기 위해 열심히 레이더를 가동시켰다. 하지만 그녀의 눈에 차는, 마음에 드는 사람은 쉽사리 찾을 수 없었다. 아쉬운 마음이 들었다.

그런데 기대감을 접고 들어간 첫 전공 수업에서 오티 때는 보지 못했던 한 남자 동기가 눈에 들어왔다. 그를 본 순간 그녀의 귀에서는 가수 '안녕바다'의 노래 '별빛이 내린다, 샤라랄라랄라'가 퍼졌고, 장면에는 슬로우 효과가 걸렸으며, 그의 뒤로는 후광이 비쳤다. 후광이 비친다는 말은 진짜였다는 것을 그녀는 직접 경험해 보고 알게 되었다고 했다. 그녀에게 있어 그의 등장은 이토록 충격적(Positive)이었다.

그녀는 그와 친해지기 위해서 수단과 방법을 가리지 않기로 마음먹었고, 일부러 주위 친구들에게 그를 좋아하는 것 같다며 적극적으로 홍보까지 했다. 하지만 왠지 그에게 직접적으로 그 마음을 어필할 용기는 나지 않았다고 했다. 심지어 딱히 접점도 많지 않은 것 또한 문제라면 문제였다.

허나, 하늘은 스스로 돕는 자를 돕는다고 했던가. 친구의 권유로 어쩔 수 없이 따라간 행사에서 그녀는 그를 우연히 만나게 되었다. 기회를 잃을까 서둘러 그녀는 그에게 말도 안 되는 내기를 제안했고, 그 무리수 덕에 그와 단둘이서 밥을 먹는 약속을 만들어 냈다. 지나고 생각하니 웃음이 나지만, 고작 갔던 곳이 학교 구내식당, 메뉴는 돈가스. 게다가 긴장되고 부끄러워서 몇 조각 먹지도 못했다. 그런 그녀의 마음도 모르고 그는 그녀가 남긴 돈가스까지 모조리 먹고는 수업에 가야 한다며 쿨하게 떠났다.

그래도 관계에 있어서 첫발을 내디뎠다고 생각했던 순진한 그녀는 설렘 가득한 마음으로 다음 만남을 생각하며 문자도 보냈지만, 그의 반응은 미적지근했다. 하루하루 아쉬운 중에 그에게 여자친구가 생겼다는 이야기를 듣게 되었다. 그야말로 청천벽력과 같은 이야기였다. 그날 그녀의 세상이 무너졌다.

만개한 봄꽃들과 함께 찬란할 것만 같았던 그녀의 캠퍼스 생활에 대한 환상이 한순간에 와르르 무너져 버린 사건이었다고 했다. 그녀는 하루하루가 괴로웠고 식욕도 뚝 떨어졌다. 살기 위해 바나나 하나로 버텼다. 스무 살 첫사랑이 시작도 전에 끝나 버리다니. 그런데 며칠이 지나고 그가 여자친구와 금방 헤어졌다는 이야기를 우연히 듣게 되었다. 다른 사람의 헤어짐에 기뻐하면 안 되는 줄 알면서도 그녀는 기뻤다. 캠퍼스의 내려앉은 봄날의 벚꽃이 그제야 다시 눈에 들어왔다. 세상이 아름다웠다. 사라졌던 식욕도 다시 생겨났다. 그날 저녁 그녀는 삼겹살을 먹었다.

며칠 후 그에게 메신저로 메시지를 보냈다. 시시콜콜한 이야기를 하다가 용기를 냈다. 그에게 호감을 표현했고 어렵사리 영화관 약속을 잡았다. 그 이후로는 정말 급속도로 가까워졌다. 어느새 학기는 초여름 막바지로 접어들고 장미가 아름답게 피기 시작했다. 그녀의 매일매일 기분은 맑았고 이런 게 행복일까 싶었다. 그러다가도 불현듯 불안감을 느꼈다.

'왜 고백을 안 하지? 내가 먼저 해야 하나?'

그녀는 방학 전, 둘의 관계를 다음 단계로 이끌고 싶었다.

그러던 어느 날 그와 함께 길을 걷고 있었다. 정식으로 연애를 하고 싶었던 그녀는 그날도 마지막 퍼즐이 맞춰지길 갈망하고 있었다. 그냥 차라리 그녀가 용기를 내볼까 하며 고민하던 찰나, 갑자기 그가 뜬금없이 노래를 부르기 시작했다.

"한 남자가 그대를 사랑합니다. 그 남자는 열심히

사랑합니다."

그녀가 당시에 좋아했던 드라마 〈시크릿 가든〉에서 나온 노래였다. 지금은 스무 살짜리 두 명의 유치하고 서툴렀던 모습을 서로 놀림거리 삼기도 하지만, 당시의 그녀는 심장이 터지는 기분이었다고 했다. 노래가 끝나고는 그가 말했다.

"우리 한번 만나 볼래?"

무척이나 기다렸던 순간이었기에 그녀 또한 망설임 없이 대답했다.

"그래 좋아!"

여름이었다.

두 사람의 이야기를 익살스럽게 말하는 그녀의 이야기가 끝나자 그도 당시의 이야기를 들려주었다. 그는 기나긴 수험생 생활이 끝나고 마침내 대학교에 입학했지만, 딱히 외향적인 성격도 아닌지라 오티에는 참석하지 않았고, 입학 이후 학교생활도 적극적으로 하지 않았다고 했다. 소위 말하는 '아웃사이더'였고, 연애에 대해서도 크게 관심이 없었다.

그래서 처음 그녀를 본 것도 과방에 동기들끼리 모

여 있을 때로 기억하고 있었다. 뻘쭘하게 서 있는 그에게 먼저 반갑게 인사해 준 그녀는 예쁘고 상냥했지만, 그와는 다른 아우라를 가진 친구라고 느꼈다. 그래서 친해지기는 어려울 것 같다고 생각했다고 했다.

 그런데 이후로도 만날 때마다 반갑게 인사해 주는 그녀에게 계속 고마웠고, 어느 순간부터는 전공 수업에서 그녀와 가까운 자리에 앉게 되었다. 그녀는 언제나 해사하게 웃으며 그에게 말을 걸어왔다. 그러다 보니 생각과는 다르게 빠르게 친해지게 되었고, 같이 밥도 먹으며 시시콜콜한 농담도 하는 사이가 되었다. 하지만 그때까지는 그 정도였을 뿐이었다.

 그에게는 그녀와 친해지기 전, 다른 수업에서 만난 친구가 있었다. 연애도, 이성 친구와의 관계도 전부 서툴렀던 그는 어쩌다 보니 그 친구의 고백에 첫 연애를 시작했다. 자신의 감정조차도 잘 알지 못했던 사이 시작된 연애는 뒤늦게 그 정도의 호감은 그저 친구로서의 감정이라는 것을 깨닫게 했다. 미안한 일이었지만 그는 2주도 채 되지 않아 그냥 친구로 지내고 싶다고 그 친구에게 이별을 고했다.

그리고 오랜만에 그녀를 만났던 날, 그는 비로소 자신의 감정을 알아차리게 되었다고 말했다. 꽤 오래전부터 그녀를 좋아하고 있었음을. 그 마음을 인식하고 나니 그때부터는 머릿속이 온통 그녀로 가득했다. 같이 밥도 먹고 영화도 보며 '데이트'라는 것도 하게 되었다. 그러다 어느 순간 그녀에 대한 마음을 더는 감출 수 없다는 것을 깨닫고 그는 고백을 결심했다.

본격적인 여름의 시작을 알리던 6월의 어느 날. 그녀를 집에 바래다주는 길에 그녀가 좋아하던 〈그 남자〉라는 노래를 냅다 불러 버렸다. 너무 떨려서 어떻게 불렀는지 기억도 잘 나지 않지만, 한 가지 확실한 건 지금 생각하니 너무 부끄럽다는 거다. 정말이지 걱정도 많았다. '그녀가 과연 나를 만나 줄까?'라는 생각이 가득했고, 거절을 당할 수도 있겠다 싶었다. 그래도 용기를 냈고 그녀가 대답하기 전까지 마치 일 분이 한 시간처럼 느껴졌던 그 기다림이 여전히 선명하다고 말했다.

그렇게 둘은 연애다운 연애를 시작했다고 말했다. 그리고 무려 13년을 연애한 장수 커플이 되었다. 13년. 내가 아내를 만나서 결혼하고 딸아이를 낳아 살아온 세월보다도 긴 시절이다. 13년 연애의 무게는 가늠조차 되지 않았다. 더군다나 그 긴 시간 동안 단 한 번도 이별한 적 없다는 두 사람. 처음엔 13이라는 숫자에 놀랐지만, 잔잔한 호수 같은 두 사람을 보면서 이내 그럴 수도 있겠다 싶은 마음이 들었다.

물론 우여곡절 하나 없었던 것은 아니라고 했다. 그녀의 서툰 마음 탓이었을까, 막상 그가 본인을 좋아한다는 것을 알게 되니 오히려 그에 대한 마음이 줄어드는 것처럼 느껴졌다고 했다. 그래서 그녀는 '나는 그 누구와도 연애를 못하는 걸까?'를 걱정하며 그와 데이트를 할 때도 크게 호감을 표하지 않았다고 한다.

반면 그는 특유의 무던한 성격 탓에 이런 것들을 느끼지 못했다고 말했다. 그녀가 '사랑해'라는 말을 하지 않는 것은 그녀가 신중하기 때문이라고만 생각했지, 본인에 대한 호감도를 의심하고 있다는 것은 생각조차 못했다고. 다행히 한 달쯤 지나고 나서부터는 한결같이 다정하고 따뜻한 그에게 그녀도 마음이 열려 알쏭달쏭 미묘했던 감정은 온데간데없이 사라졌다고 했다.

안정적으로 연애를 하나 싶었으나, 이번에는 살아온 환경과 배경이 다른 두 사람이 생각의 차이로 한창 많이 싸웠던 시기가 있었다고 했다. 하루는 정말 크게 다퉈서 그녀가 홧김에 이별을 통보했다. 헤어지자는 그녀의 말에 그는 진심이냐고 되물었다. 그는 그녀에게 지금 너무 흥분했으니 홧김에 하는 말이라고 생각하겠다며, 며칠 더 생각해 보고 그때도 마음이 같으면 다시 이야기해 달라고 부탁했다. 며칠은 무슨, 그녀는 그로부터 세 시간 뒤에 바로 깨달았고, 그에게 전화해서 헤어지자고 했던 말에 대해 사과했다. 그리고는 앞으론 아무리 힘들어도 섣부른 말을 내뱉지 않겠다고 다짐했다고 한다. 그날 이후 서로의 입에서 '헤어지자'라는 말은 없었다고.

역시 소중한 관계를 지키고 이어 나가기 위해서는 부단한 노력이 필요하다. 겸손하게도 두 사람은 장수 커플의 비결을 서로에 대한 노력도 있지만, 약간의 운도 따랐다고 했다. 그는 애초에 화를 잘 내지 않는 성격이었고, 그녀는 마음에 담아 두지 않고 바로 이야기하는 성격이었다. 그러다 보니 냉전이 오래가지 않고 바로바로 이야기하면서 풀 수 있었다고 했다. 다툼이 생겨도 최대한 그 다툼의 여파가 오래가지 않도록 두 사람은 노력하고 노력했다. 두 사람의 성격은 많이 달랐지만 만나면 만날수록 합을 맞추기에는 좋은 다름이었다. 두 사람은 서로의 부족한 부분을 채워 주고 싶었고, 설렘을 넘어선 편안함을 반가워한 공통점이 있었기에 끈끈한 관계는 깨질만한 계기도 없었다.

성격적인 합을 맞추기 위한 노력과는 또 별개로, 두 사람은 물리적으로도 멀어지지 않기 위해 부단히 애썼다. 입대를 앞둔 시점에서 그는 최대한 그녀의 집 근처로 자대 배치를 받기 위해 일부러 복무 기간이 더 긴 공군을 지원했다. 그녀 또한 그를 보기 위해 매주 면회를 갔다. 해외로 어학연수를 가고 싶었던 그녀는 그가 어느 정도 군 생활에 적응한 입대 일 년이 지났을 때쯤 외국으로 떠났고, 돌아오는 시점도 그의 전역 다음 날에 맞추었다. 이후 그가 서울로 편입을 하게 되자, 그에 맞춰 그녀도 서울로 취업을 했다.

몸이 멀어지면 마음도 멀어질 수도 있다는 말에 지고 싶지 않았다. 그래서 둘은 시간과 공간의 거리를 어떻게든 좁혔다. 두 사람의 긴 이야기가 처음에는 평탄하고 잔잔하게 들렸다. 하지만 그 저변에 깔린 노력은 '두 사람은 참 운도 좋지, 싸울 일이, 멀어질 일이 없었구나' 하며 안일하게 치부할 수 있는 정도가 결코 아니었다. 13년이란 세월을 공들여 견고하게 함께 다진 두 사람. 다시 한번 고개를 끄덕이게 되는 것은, 사랑을 노력한다는 것은 말이 된다는 것이다. 그것도 아주 마땅히.

그러니 스쳐 지나갈 뻔한 인연도, 놓칠 뻔한 손도, 준비가 안 된 듯한 만남도 결국 만날 사람들은 만나는 걸까. 그렇다면 두려움을 무릅쓰고 부딪혀보는 수밖에. 인연은 결국 충돌을 통해 나타나는 것일 테니.

빛이 나는 솔로,
서로를 비춘 용기

요즘 사랑을 주제로 한 리얼리티 프로그램들이 큰 인기를 끌고 있다. 포맷도, 연령대도, 분위기도 다양하지만, 이 프로그램들이 사랑받는 가장 큰 '킥'은 등장인물이 일반인이라는 사실일 것이다. 스펙이나 외모가 평범한 일반인인 (어쩌면 평균 이상의) 그들이 보여 주는 행태가 각본에 의지한 드라마가 아니라는 그 사실, 한 명의 작가가 쓴 드라마가 아니라 출연자 각자가 각자의 스타일대로 드라마를 만들어가는 그 과정으로 인해 사람들은 그들에게 몰입하게 되

는 것이 아닐까.

　　그 가운데서도 유독 마음이 쓰이고, 자꾸 보게 되는 프로그램은 단연 〈나는 솔로〉였다. 비슷한 프로그램들 사이에서도 등장인물들의 연령대가 높기도 하고, 꾸밈없는 장면 연출로 위화감이 가장 적었다. 이 프로그램의 등장인물 중 몇몇은 멋진 외모나 유니콘 같은 서류상 조건보다는, 날 것 그대로의 자극적인 모습을 보이기에 시청자의 순간적 놀라움으로 더 화제가 되곤 했다.

　　하지만 내가 이 프로그램을 좋아하는 이유는 사람들이 말하는 '도파민 터지는' 순간이나 빌런으로 꼽히는 유독 튀는 인물 때문이 아니다. 오히려 그 반대다. 이 프로그램의 등장인물들은 어느 순간 그들을 둘러싼 수많은 카메라와 스텝의 존재를 잊는 것 같았다. 어느 시점부터 그들이 보여 주는 정제하지 못한 감정, 꾸미지 못한 표정과 들켜 버린 시선, 하이퍼리얼리즘 같은 말투와 어휘, 가끔은 서툴고 그래서 때로는 날카로운 마음의 결까지. 그 솔직한 흐름을 가장 가감 없이 보여 주는 프로그램 특유의 스타일로 인해 〈나는 솔로〉라는 프로그램은 내게 있어 더 오래 남는 울림이자 쉽게 사라지지 않는 또 다른 형태의 자극인 것이다.

그래서 방송하는 날이 되면 하던 일을 멈추고 시간에 맞춰 TV 앞에 앉는 것이 하나의 의식이 되었다. 새삼 요즘 방송 시간에 맞춰서 보는 방송이 몇 개나 되나 더듬어 보니 〈나는 솔로〉가 유일하다. 혹여 자리를 비워 보지 못한 날에는 다음 날 오전 댓바람부터 OTT 서비스로 챙겨 볼 정도다. 이렇게 애착을 넘어 강박을 가지게 된 건 그 안에서 펼쳐지는 이야기가 내 삶과, 내 일이 겹쳐지기 때문이기도 하다는 것을, 아내가 '뭘 그렇게까지 챙겨 봐?'라고 묻는 말에 비로소 깨닫게 되었다.

나는 사진을 찍는 사람이고, 렌즈 너머로 마주하는 것도 결국 사람의 감정이다. 특히 카메라 앞이 익숙지 않은 나와 같은 일반 사람들. 카메라 앞에서 전혀 프로가 아닌 사람들. 그래서 〈나는 솔로〉 출연진들이 카메라 앞에서 드러내는 진짜 얼굴, 순간마다의 망설임과 용기, 어색해서 진실한 그 모습들이 내가 렌즈 너머 보게 되는 장면들과 자꾸 오버랩 되었던 것이다. 그 프로그램의 PD는 이 미디어 홍수 시대가 낳은 인류학자가 아닐까 하는 감탄에 가까운 생각까지 하면서.

그리고 운명처럼, 나는 이 프로그램에 출연했던 네 커플을 촬영할 기회를 얻었다. 기회에 닿기까지는 제각각의 형태였다. 한 커플은 출연자의 친동생이 지인이어서 연결되었고, 두 커플과는 내가 팬의 마음을 그득 담아 보낸 디엠으로 촬영이 성사되었다. 마지막 한 커플은 의류 회사에 다니는 후배가 본인의 브랜드 광고 촬영 겸 마케팅 협업을 그 커플과 진행하면서 나를 포토그래퍼로 추천하여 함께하게 된 경우였다.

우연 같지만 어쩌면 필연 같기도 한 인연들이 내 앞에 놓인 것이다. TV 속에서만 보던 사람들이 내 렌즈 앞에 서 있다는 것이 묘한 쾌감을 불러일으켰다. 심지어 내가 그 감정에 몰입했던 당사자들이라니. 연예인을 보는 것 같았다. 내가 바로 성덕이었구나. 실제로 만난 그들은 화면 속에 나타났던 성격 그대로인 경우도 있었지만, 편집의 영향인지 실제로는 사뭇 다른 결을 가진 분들도 있었다.

물론 그런 것들은 그리 중요하지 않았다. 그들이 카메라 앞에 선 순간, 각각의 커플에게서 아주 선명한 공통점이 부각됐거든. 바로 확신. 서로를 향한 흔들림 없는, 가까이 닿아 있는 확신의 느낌이었다. 그 단단함이 여태껏 만나 온 수많은 커플 가운데서도 유독 또렷하게 보였다. 무엇 때문이었을까. 무엇 때문에 그 단단함이 그렇게 선명했을까?

새로운 인연을 만나고 사랑을 시작하는 것은 두려움을 동반한다. 더군다나 '불특정 다수의 시선'에 노출되는 TV라는 무대 위라면 그 두려움은 몇 배는 증폭되리라. 자신의 맨얼굴을 드러내는 위험을 기꺼이 감내하며, 그 후로도 이어질 세상의 가차 없는 난도질조차 두려워하지 않고, 그들은 사랑을 향해 나아갔다. 사랑을 찾아 용기 있게 나섰다는 점에서 그들은 전사나 다름없지 않은가.

그 프로그램에 출연하는 것은 단순히 새로운 누군가나 좋은 사람을 만나는 설렘을 한참 넘어서, 스스로가 시험대 위로 올라가는 행위이기도 하기에 더 그렇다. 나는 렌즈 넘어 그들을 보며 각자의 미소 뒤에 있었을 숱한 망설임과 주저, 불안, 자기 검열의 시간, 결심과 번복의 반복, 자기 다짐을 떠올렸다. 그러자 결국 자신을 내던진 용기를 통해 사랑을 쟁취한 그들에게서 결연함 같은 것이 느껴져 조금 숙연해졌다.

네 커플은 각기 다른 방식과 상황으로 내 카메라에

담겼지만, 또 하나의 공통점은 서로의 손을 좀처럼 놓는 법이 없는 모습이었다. 눈길이 어색하게 흩어질 때도, 카메라에 익숙지 않은 표정 근육이 굳어 버릴 때도, 그들의 손은 유독 끝내 서로에게 맞잡혀 있는 것이었다. 꼭 힘을 주어 움켜쥔 것도 아니었지만, 느슨해서 금방 풀리지도 않았다. 그저 적당히 자연스럽게 하지만 동시에 '놓지 않겠다'라는 듯 단호한 손길이었다. 나는 그 맞잡은 두 손에서 기시감처럼 몇 번이고 나를 감싸던, 출연진들이 보여 준 사랑의 본질을 읽을 수 있었다. 그들은 결연한 전사들처럼 전장에서 서로를 저버리는 법이 없었고, 맞잡은 두 손은 신뢰의 구체화된 형상 같았다.

사랑은 늘 우리를 시험에 들게 한다. 때로는 기쁨으로, 때로는 불안으로. 그렇게 사랑은 언제나 환희의 순간만으로 이루어지지 않는다. 갈등을 겪고, 균열이 생기기도 하며, 침묵에 잠식되기도 한다. 그러나 그 모든 위기마다 두 사람 사이를 이어 주는 작은 다리는 상대를 붙드는 용기라는 생각이 들었다. 그리고 그 용기로 말할 것 같으면, 이들만큼 용맹한 사람들도 없지 않겠는가.

사랑을 시작하고 지켜 내는 힘은 세련되고 화려한

고백도, 빈틈없이 완벽한 장면도 아니다. 오히려 싸운 다음 날에도 마주 앉을 수 있는 용기, 어색한 기류 속에서도 손을 먼저 뻗을 수 있는 용기, 당장의 서운함에도 잡은 손을 놓지 않을 용기, 대단치 않아 보이지만 대단한 그 결심이 기어이 사랑을 지탱한다. 결국 '완벽하게 보완하고 무장한 나 자신'의 모습 뒤에 방어적으로 숨는다면, 사랑은 그 문턱을 결코 넘지 못한다. 오히려 불완전함을 드러내고, 두려움을 무릅쓰고 손을 내밀어 상대에게 닿는 것이 중요한 일이었다.

무엇보다 기쁜 건, 내가 만났던 그 네 커플이 여전히 서로의 곁을 지키며 건재하다는 사실이다. 한 커플은 이미 결혼해 아이를 낳아 행복한 가정을 이루었고, 또 다른 커플은 불과 얼마 전 동화같은 결혼식을 올렸다. 다른 두 커플 역시 변함없이 연애를 이어가고 있다. 간간이 전해 오는 안부 속에서 '우리 잘 지내고 있어요'라는 말 한마디만 들어도, 프로그램의 팬으로서 그리고 그들의 사진을 남긴 사람으로서 가슴 한 켠이 데워진다.

이제껏 수많은 연인을 카메라에 담아 왔지만, 이들

커플에게서 배운, '용기'의 미덕은 참으로 새삼스러워서 인상 깊게 내 안에 자리했다. 그래서 이러한 프로그램들을 진부하다고만 치부하는 사람들이 있다면 말해 주고 싶어졌다.

언젠가 당신이 사랑 앞에서 흔들릴 때, 그들의 날 것이다 못해 우스꽝스러울 만큼 화면 밖으로 범람하는 솔직한 감정들을 보게 된다면, 잠시 숨을 고르게 될지도 모른다고. 어쩌면 조금은 겸허해질지도 모른다고.

나는 오늘도 아내와 딸아이 몰래, 용맹한 출연진에게 내적 박수를 보내며〈나는 솔로〉를 본다.

항해

결혼을 앞둔 커플에게 있어 그들의 서사를 가장 잘 보여주고 가장 잘 어울리는 장소는 어디일까? 이 질문은 촬영 전 상의하는 내용 중에서도 비중이 크다. 독특하게도, 여러 가지 아이디어 중에서도 단연 '배'라는 배경이 두 사람에게 더없이 의미 있는 곳임을 부정할 수 없는 연인을 만난 적이 있다.

    2017년 두 사람은 같은 배에서 처음 서로를 만났다

고 했다. 그는 이등항해사였고, 그녀는 삼등항해사였던 시절에. 그래서 '배'라는 키워드를 포기하고 싶지 않았다. 거금을 들여서라도 배를 빌려야 하나 고민하던 중 망원 한강공원에 폐전투함이 정박된 서울함 공원에 대해 알게 되었다. 촬영 날 망원 한강공원에서 나는 정갈하게 제복을 차려입은 두 사람을 기어이 배 위에서 만났다.

익숙한 장소와 배경 때문이었을까 두 사람은 촬영 중간중간 두 사람이 만나 온 이야기를 편안한 목소리로 들려주었다. 군대와 다르지 않은 위계가 자리한 선박에서 그를 상사로 만난 그녀는, 그를 '무섭고 까다로운 선배'로만 보았다고 했다. 심지어 날카로웠던 그의 첫인상은 성격도 녹록지 않을 거라는 편견으로 이어져 '이번 항해는 망했다'라고 그녀는 속으로 중얼거렸다는 것이다.

반면 그의 눈에 그녀는 귀엽고 당돌한 후배였다. 남성이 대부분인 선박에서 화장기 없는 얼굴, 질끈 묶은 머리로 배꼽 인사를 하던 모습은 작지만 당찼다. 그녀는 진급을 앞두고 있었고, 항해 장비와 해도작도, 항로점검 같은 이등항해사의 업무를 배우기 위해 그의 사무실에 자주 올라왔다. 휴식 시간임에도 작은 노트를 들고 와 묻고 또 묻는 성실한 모습이 대견했다. 특히 이해가 되지 않는 내용은 질문을 바꿔가며 그에게 반복하여 묻는 그녀가 노력파에 끈기 있는 스타일이라고 그는 생각했다.

그런데 알고 보니 그녀는 해양대를 수석으로 졸업한 수재였다. 뜻밖의 면을 발견하자 그녀가 보여 온 성의 있는 태도가 그의 마음속에서 더 빛을 발하기 시작했다. 그런데 여기까지 듣던 그녀가 자신의 기억과는 조금 다른 구석이 있다며 웃기 시작했다.

그녀에게 있어 그의 첫인상은 차갑고 성격도 까다로워 보인 것은 맞았으나, 이내 약속된 시간에 맞춰 당직을 교대해 주고, 후배와 실습 항해사들을 배려하는 그의 모습을 보며 처음의 편견은 금세 흐려져 버렸다고 했다. 첫인상과 실제의 모습이 이렇게까지 다를 수 있구나 하고 놀라는 수준이었다고. 그녀가 물어본 것을 여러 번 다시 물어봐도 화내지 않는, 그런 순한 성격의 선배라는 사실을 곧 알게 되었다고 했다.

석 달 남짓을 함께 항해했다. 그는 당시 다른 이와 연애 중이었기에 그녀를 동생처럼만 여겼다. 괜찮은 사람이라는 생각은 했다. 그래서 그는 그녀를 친동생에게 소개해 주고 싶을 만큼 호의적으로 보았다. 하지만 어쨌든 상상할 수 있는 인연은 거기까지였다. 싱가포르에서 그는 '열심히 하라'는 말만 남긴 채 먼저 하선했고, 두 사람의 첫 번째 인연은 끝이 났다. 그렇게 시간이 흘렀고, 둘은 점차 서로에게서 희미해졌다.

그러다 일 년 뒤 두 사람은 어쩌다 연락이 닿았다. 마침 그와 그녀는 동시에 휴가 중이었다. 여자친구와 헤어진 지 오래였던 그는, 그날 그녀와 만나 식사라도 하고 싶다는 생각이 들었다. 그래서 약속을 잡았으나 그녀의 승선 일정이 갑자기 잡히며 미뤄졌다. 그런데 며칠 뒤 승선이 취소되었다는 연락이 왔다.

다시 잡은 약속, 홍대에서의 저녁 식사는 두 사람의 새로운 출발점이 되었다. 홍대의 요란하고 친근한 불빛이 붉게 번지던 초가을 밤이었다. 고깃집에서 만난 둘은 은은히 설레는 마음으로 불판 위에 소고기를 올렸고, 젓가락을 들고 환하게 웃으며 "나 고기 진짜 좋아한다"라고 말하는 그녀가 그의 눈에 퍽 귀여웠다. 두 사람 모두 오랜만에 배에서 내려 휴가 중이라 조금 지쳐 있었지만, 알 수 없는 편안함이 있었다. 대화는 자연스레 이어졌다. 각자가 살아온 이야기, 배에서 겪은 고단한 순간에 대한 공감 그러다 가족과 미래에 대한 생각까지 흘러나왔다. 사뭇 진지했고 깊이가 있었다. 그날의 한 끼 식사는 단순한 식사가 아니라 두 사람이 시작할 인연의 예고편이었던 것이다. 불판 위의 고기가 익어 갔고, 둘의 마음도 무르익었다. 그날 이후 두 사람은 연애를 시작했다.

그리고 3년 뒤 둘은 명동성당에서 결혼식을 올리게 되었다. 결혼식 날 명동성당은 장엄하면서도 따뜻했다. 고풍스러운 스테인드글라스를 통과한 햇살이 그와 그녀의 얼굴 위에 물결처럼 번졌다. 성가대의 목소리가 울려 퍼질 때, 그는 문득 긴 항해 끝에 항구에 도착했을 때와 비슷한 편안함을 느꼈다고 했다. 양가 가족들은 서로를 향해 미소 지으며 인사를 나눴고, 친구들은 환한 얼굴로 두 사람을 축복했다. "사랑은 오래 참고, 사랑은 온유하며"라는 성경 구절이 낭송될 때, 그와 그녀는 눈을 마주했다. 우리가 같은 목적지를 향하고 있었음을 그리고 끝내 그곳에 다다랐음을 깨달은 그 순간 두 사람은 고요히 안도했다.

두 사람의 연애와 결혼 과정이 내내 순탄치만은 않았다고 했다. 그는 여전히 배를 타야 했고, 그녀는 육지에서 새로운 커리어를 시작했다. 그는 한때 항해사의 삶을 이어가는 한 결혼은 하지 않으리라 다짐했다고 했다. 승선하면 한동안 집을 떠나 가족과 오랜 시간을 함께할 수 없는 삶이 남아 있는 가족들을 힘들게 만들 것 같았기 때문이다.

하지만 그녀를 만나고 나서 그 생각은 바뀌었다. 그녀가 그에게 많은 것을 가르쳐 주었기 때문이었다. 겸손한 법, 기다리는 법 그리고 집이라는 안전한 항구가 주는 힘을. 그가 일 년에 반 이상을 바다에서 보내는 동안 그녀는 단 한마디 불평도 하지 않았다. 오히려 "당신이 하고 싶은 일을 하라"며 자신은 "당신의 집이 되어, 당신이 돌아올 이곳을 맡겠다"고 말했다. 강하고도 현명한 여인이라며 그는 감탄하듯 말했다.

본인에 대한 칭찬이 짐짓 쑥스러웠는지 그녀도 지지 않고 말했다. 그녀의 시선 속의 그는 또 달랐다. 그녀는 그가 가진 이타적인 마음을 존경한다고 했다. 올곧고 정의로운 그의 심성이 그녀의 마음을 크게 움직였다고 했다. 그 진면목을 깨달은 순간이 그녀에게는 그와의 결혼을 결심한 순간이라고 했다. 이런 사람이라면, 이렇게 존경할

수 있는 남자라면, 됐다, 찾았다. 이 남자다. 청혼도 그녀가 먼저 했다. 그녀의 표현을 그대로 빌리자면, 그가 결국 그녀를 '뿌리째 뽑아 자신의 인생에 들여놓았다'라고 말했다.

결혼은 거울이라는 말이 있다. 배우자를 통해 나는 내가 어떤 사람인지 알게 되는 것이다. 결혼 생활 속에서 상대를 통해 나의 장단점과 성격, 습관이 비춰져, 비로소 내가 나를 보게 된다. 빨랫감을 분류하는 방법부터, 청소 순서에도 의견이 갈리고, 그 과정에서 어떤 규칙과 가치관을 지니고 살아왔는지가 서로를 통해 드러난다. 그 과정을 거치며 두 사람은 다투기도 했고 화해하기도 했다. 각자가 부족한 존재임을 인정했고 동시에 서로를 통해 성숙해졌다.

그는 자기의 아버지가 늘 말씀하시던 것처럼 사람 인(人)의 두 획이 서로 기대어 서 있는 모양의 의미, 사람은 혼자가 아니라 서로 기대어야 비로소 사람이 된다는 그 가르침을, 결혼 후 그녀와 함께하는 생활을 통해 실감하게 되었다고 했다.

누군가를 뿌리째 옮기는 그와 강하고도 현명한 그녀는 생각이 깊은 만큼 달변가이기도 해서 표현마다 적잖이 나를 놀래켰다. 몇몇은 옮겨 적고 싶을 정도였다. 그래서 적어 뒀다.

    두 사람은 최근 소중한 선물을 받았다고 한다. 두 사람에게 새 생명이 찾아온 것이다. 그는 믿기지 않을 만큼의 기쁨과 동시에 함께하지 못할 순간들에 대한 미안함이 벌써 밀려온다고 말했다. 강하기만 했던 그녀도 처음 겪는 과정을 홀로 견뎌야 할지 모른다는 사실을 마음에 걸려 했다. 그러나 지금까지 그래왔듯, 두 사람은 앞으로도 용감하게 거친 바다를 항해할 것이다. 폭풍우가 몰아쳐도, 파도가 높아도, 나란히 서서 손을 맞잡고 있다면 두렵지 않을 두 사람이니까.

    그가 말했다. 결혼은 나를 돌아보게 하는 거울이자 든든한 이와 함께하는 항해라고. 그녀를 통해 그가 누구인지, 무엇을 놓아야 하고 무엇을 붙잡아야 하는지를 배웠다고 침착하게 말했다. 그녀 또한 그는 귀감이자 의지할 수 있는 사람이며, 그녀를 성숙하게 만든 사람임을 인정하고 있었다. 그러자 자신은 축복받은 사람이라고, 그가 부끄러워하며 웃음을 터트렸다.

    분명 서로 낯간지러운 찬사가 오가는데 두 사람은

전혀 어색하지가 않았다. 그들은 줄곧 상대의 장점을 말하면서도, 스스로 더 나은 사람이 되겠다는 다짐을 덧붙였다. 그래서일까, 그들의 칭찬은 달콤하기보다 오히려 묵직했고 명랑한 웃음조차 삶에 대한 태도의 일부처럼 보였다.

재밌게도 이 똑똑한 커플을 통해 내가 본 것은, 이토록 서로의 존재에 대해 감사할 줄 아는 이들도 드물다는 것이다. 그날 내내 두 사람은 나에게 릴레이에 가깝게 서로에 대한 칭찬을 늘어놓았는데, 그게 단 하나도 가식적이거나 위화감이 들지 않았다. 어찜 이렇게 상대의 좋은 점을 알아봐 주고, 꺼내어 쓰다듬어 주고, 그로 인해 자신이 더 행복할 수 있는 걸까 하는 의문이 들 지경이었다.

그러니까 두 사람으로 인해 나는 사랑이라는 감정이 단순히 달뜬 열정이나 설렘 같은 조각이 아니라는 사실을 다시금 깨달았다. 서로를 향한 존중, 감사, 작은 칭찬 포인트 하나하나를 놓치지 않는, 세심한 태도에서 비롯되는 것이 사랑이구나 싶어졌다. 나는 사람들이 종종 고차원의 유머를 '배운 개그'라고 위트 있게 칭하는 것을 좋아하는데, 그들이 보여 준 것은 '배운 태도'라는 말이 걸맞다.

두 사람은 앞으로 긴 항해를 하게 될 것이다. 두 사람이 함께하는 인생이 앞으로 어떤 날씨를 뚫고, 어떤 항해를 하게 될지는 시시각각 변하는 바다처럼 미지수이다. 그동안 거센 파도를 버텨 내는 힘과 대단한 용맹도 필요하겠지만, 배의 섬세한 균형을 지켜 내는 두 사람의 깊이 있는 마음가짐이 결국 그들의 항해를 무사히 완주하도록 할 것이다.

Epilogue

나의 남편,
고영호

나는 고영호 작가를 남편으로 둔 신혜령이다. 어릴 적 나는 언젠가 작가가 되고 싶어 했고, 남편은 어릴 적 꿈이 체육 선생님이었다고 했다. 하지만 우리가 만났던 곳은 의류회사였다. 영업팀이었던 남편과 마케팅팀에 있던 나는, 소위 사무실 복사기까지도 다 안다는 비밀 사내 연애를 거쳐 결혼을 했다.

어느 겨울 길고양이 영희가 우리 가족에 합류했고, 이듬해 여름에는 여름을 닮은 딸아이도 태어났다. 그즈음

어쩐지 남편은 사진작가가 되어 있었고, 나는 강단에 서는 일을 하고 있었다. 그래서 우리는 서로의 일을 부러워했다. 그러면서도 주고받는 이야기 속에서 발견되는 그 일들의 실제 민낯을 발견할 때면 서로를 새삼 대단하다고 느끼기도 했다.

특히 보통의 직장인과는 다른 시간을 살아가는 남편은 가족과 저녁 한 끼 함께하는 일도 어려웠다. 지친 기색으로 집에 들어선 남편이 한숨 돌리고 나면 내가 건네던 오늘 어땠냐는 뭉툭한 말은 "오늘 만난 사람들은 어땠어?"로 어느새 진화했다. 그래서 언젠가부터 하루 끝에는 남편의 피사체가 되어 준 이들에 대한 이야기를 나누는 것이 새로운 루틴이 되었다.

처음에는 남편도 단순하게 대답했다. '괜찮았다'가 가장 빈번했고, 간혹 '오늘은 좀 힘들었다'라고 하는 정도. 형식적으로 묻는 말에 형식적인 답이 돌아왔다. 일종의 요식 행위처럼. 하지만 비교적 긴 시간을 아이와 둘이서만 보내다가 대화가 될 만한 어른인 남편이 귀가하는 것이 진심으로 반가웠던 나에게는 그런 식의 대꾸는 못내 서운했다.

한편으로는 정말로 궁금했다. 출산과 육아로 찌든 내가 빛바랜 낙엽처럼 집 안에 가라앉아 있는 동안, 저 바깥에서 한창 아름다운 시절을 보내고 있을 연인들과 그들을 사진에 담으며 함께 싱싱하게 생기를 띠었을 남편의 모습이. 그 궁금증은 내 자존감을 좀먹는 허무감과 권태로운 일상에서 온 무료함으로 인해 걷잡을 수 없는 섭섭함으로 악화되었고, 어느 날엔 울음으로 터지고 말았다.

하지만 남편에게도 나름의 고단함이 있었다. 처음 만나는 이들과 긴 시간 사진 촬영을 하며 잠시도 긴장을 늦출 수 없었고, 그들에게 편안함을 주고자 남편 스스로는 편안해질 틈 없이 하루를 이어가야 했기에, 귀가할 즈음이면 완전히 녹초가 되어 있었던 것이다. 더우면 더운 대로, 추우면 추운 대로 숨 가쁜 하루를 보낸 그에게, 나의 물음은 너무 순진하고 덧없어서, 별 의미 없고 때로는 야속하게 들렸던 것인지도 모른다.

그렇게 우리는 어쨌든 대화가 좀 더 필요하다는 결론에 도달했다. 그래서 '남편이 만난 이들'에 대한 이야기를 나누는 것을 서로의 마음을 다독이는 작은 의식으로 삼았다. 매번은 아니었지만, 인상적인 사람들을 만나고 돌아

온 날이나, 여러 번 만나게 되어 좀 더 깊은 이야기를 나눈 사람들과의 촬영을 했을 때의 이야기를 남편은 한 번씩 꺼내기 시작했다. 이는 우리가 서로의 하루를, 서로의 생각을 공유하고, 멀리 떨어져 나간 듯했던 서로의 세상을 이어 붙여 가는 계기가 되었다.

언제부턴가 남편이 들려주는 연인들과 가족들의 이야기는 단순한 서사에 머물지 않았다. 그는 촬영 중에 감명받은 순간들과 촬영을 마치고 돌아오는 길에도 쉽게 지워지지 않는 여운을, 투박하지만 오히려 그 때문에 더욱 진솔한 언어로 풀어냈다. 그럴 때면 나는 남편이 단지 사진을 찍는 사람이 아니구나, 사람들의 내밀한 감정과 관계를 그 순간에 함께 살아냈구나, 하는 묘한 인상을 받곤 했다.

남편이 사진가로서만이 아니라 한 사람으로서도 내적으로 깊어지고 있다는 것을 인정하지 않을 수 없었다. 거기에 내가 덧붙여 던지는 질문이나 의견은, 때로는 남편의 기억을 조금 더 불러내는 자극이 되었고, 때로는 나 자신의 시선으로 그의 경험을 다시 비춰 보는 거울이 되었다.

그렇게 시작된 대화는 단순한 묘사에서 멈추지 않고, 사람에 대한 감탄으로, 관계에 대한 사유로 그리고 우리 삶 자체에 대한 성찰로 흘러가곤 했다. 그리하여 우리가 하루 끝에 가끔 나누곤 하던 이 대화들은 단순히 하루를 공유하고, 최소한의 대화를 나누고자 했던 조치의 차원을 넘어섰다.

그래서 남편이 언젠가 이 이야기들을 묶어 글로 남겨 보고 싶다고 했을 때, 나는 주저 없이 고개를 끄덕였다. 그 일은 단순히 기록 이상의 의미가 있을 것 같았다. 남편의 사진 속 인물들의 이야기가 우리의 생각들과 교차하며 또 다른 울림이 될 수 있다면, 그 얼마나 낭만적인가.

더구나 세상이 사랑에 점점 인색하고 때로는 그 사랑조차 거래와 조건의 언어로 환산해 버리는 매몰찬 곳이라면, 이 뜬금없는 낭만이 작지만 분명한 파문을 일으킬 수 있을지 모른다. 자조도 희화화도 아닌 담백하고 가식 없는 목소리일 테니까.

우리가 서로에게 건네는 작은 안부로 시작했던, 남편 사진 속 피사체들로부터 확장된 대화는 우리를 서로에게 머물도록 했다. 때로는 지쳐 있던 우리를 일으켰다. 우리는 점차 서로의 눈으로 세상을 조금 더 깊게 바라보게 되었다. 남편은 사진으로 순간을 붙잡고, 나는 누군가에게 설명할 수 있는 언어로 그 순간을 되새겼다. 그렇게 우리는 서로의 일을 부러워하면서도 닮아갔다. 어쩌면 그것이 우리가 각자로서도 또 함께로서도 조금 더 성숙해지고 더 가까워지며, 또는 서로를 존중하는 방식이었을 것이다.

그러니 이 글은 단지 한 사진가의 작업 일지가 아니다. 시간을 함께 통과한 이들에 대한 기록이자, 삶이라는 본문에 행간마다 등장하는 사랑에 대한 각주이다. 가장 덜 진부한 방식으로.

신혜령

그럼에도, 사랑

펴낸날   초판 1쇄 2025년 11월 28일

지은이   고영호, 신혜령

펴낸이   강진수
편 집   김은숙
디자인   이재원

인 쇄   (주)사피엔스컬쳐

펴낸곳   (주)북스고   **출판등록**   제2024-000055호 2024년 7월 17일
주 소   서울시 서대문구 서소문로 27, 2층 214호
전 화   (02) 6403-0042   **팩 스**   (02) 6499-1053

ⓒ 고영호, 신혜령 2025

- 이 책은 저작권법에 따라 보호를 받는 저작물이므로 무단 전재와 무단 복제를 금지하며, 이 책 내용의 전부 또는 일부를 이용하려면 반드시 저작권자와 (주)북스고의 서면 동의를 받아야 합니다.
- 책값은 뒤표지에 있습니다. 잘못된 책은 바꾸어 드립니다.

ISBN   979-11-6760-118-6   03810

책 출간을 원하시는 분은 이메일 booksgo@naver.com로 간단한 개요와 취지, 연락처 등을 보내주세요.
Booksgo는 건강하고 행복한 삶을 위한 가치 있는 콘텐츠를 만듭니다.